Inge Jens

Am Schreibtisch

THOMAS MANN UND SEINE WELT

Rowohlt

1. Auflage Dezember 2013
Copyright © 2013 by Rowohlt Verlag GmbH,
Reinbek bei Hamburg
Alle Rechte vorbehalten
Lektorat Uwe Naumann
Typografie Farnschläder & Mahlstedt, Hamburg
Satz aus der Stempel Garamond LT Pro
Druck und Bindung CPI books GmbH, Leck
Printed in Germany
ISBN 978 3 498 03341 5

INHALT

Als ich vor zwei Jahren während des Tübinger Bücherfestes eher beiläufig in den Kartons der Antiquare stöberte, stieß ich auf einen wohlerhaltenen Band mit dem Titel «Schreibtischerinnerungen». Der Autor: Werner Bergengruen. Das Buch kostete nicht viel und hatte ein Format, das in meine nicht sehr große Umhängetasche passte. Ich nahm es mit – eigentlich ohne genau zu wissen, warum. Vielleicht, weil es mich an meine Beschäftigung mit den Studenten der «Weißen Rose» erinnerte. Bergengruen war einer von denen gewesen, die ihre Widerstands-Aufrufe eines Morgens unter ihrer Post gefunden, abgetippt, kuvertiert und anonym an Bekannte, aber auch an gezielt ausgesuchte, dem Telefonbuch entnommene Adressen weitergeschickt hatten. Nach vielen Anfeindungen, die ihm in den frühen Jahren der Bundesrepublik widerfuhren, hatte er Anfang der sechziger Jahre, dem Tod schon nah, Bilanz gezogen: Was habe ich in meinem langen Schriftstellerleben gedacht, geschrieben, verschwiegen an meinem alten Schreibtisch, der einst, im 19. Jahrhundert, dem Pharmazeuten und Doktor der Heilkunde Max von Pettenkofer gehörte?

Vielleicht interessierte mich das kleine Buch aber auch, weil ich während meiner Arbeit an der Edition von Thomas Manns Tagebüchern oft Gelegenheit gehabt hatte, mir im

Zürcher Archiv das mit den Kilchberger Originalmöbeln rekonstruierte Arbeitszimmer des Meisters anzuschauen und den imposanten Mahagoni-Schreibtisch etwas genauer zu inspizieren, an dem ein großer Teil jener täglichen Rechenschaft entstanden war, die damals mit meiner Hilfe der Öffentlichkeit zugänglich gemacht werden sollte.

Je weiter ich mich in der Lektüre der Tagebücher «vorgearbeitet» hatte, desto interessanter war mir dieses Möbel geworden, das seinen Besitzer über alle Stationen der Emigration hinweg, von Zürich nach Princeton, von dort quer durch den amerikanischen Kontinent nach Kalifornien und schließlich, 1952, wieder zurück nach Europa begleitet hatte: Garant einer neuen Beheimatung, eines Lebens-Stetigkeit verbürgenden Mittelpunktes – gleichgültig, unter welchem Himmel es gerade stand.

Als ich ihm das erste Mal begegnete, Mitte der achtziger Jahre, stand das repräsentative Stück in einem ihm angemessenen Ambiente: auf historischem Boden, in einem alten Gebäude an der Zürcher Schönberggasse, Ecke Doktor-Faust-Gasse, dem Bodmer-Haus. Hier lebte von 1739 bis zu seinem Tode 1782 der Schweizer Dichter und Literaturvermittler Heinrich Jacob Bodmer ... ein Zürcher Patrizier, der, wie eine über dem Eingang angebrachte Tafel erzählt, in seinem Anwesen Klopstock und Wieland beherbergt und zweimal auch Goethe empfangen hatte, der ihn zunächst in Begleitung der beiden Grafen Christian und Friedrich Stollberg, später dann zusammen mit Herzog Carl-August aufsuchte.

Dort, im zweiten Stock und unter dem Dach, logiert heute das Thomas-Mann-Archiv, das neben unendlich vielen Manuskripten, Vorstudien, Materialsammlungen und Briefen auch das rekonstruierte Arbeitszimmer des Meisters beherbergt, das, wie das einstige in Kilchberg, einen wunderbaren Ausblick auf den See und die Berge eröffnet. Hier befindet sich, als wichtigstes Möbel, der Schreibtisch.

Zwei elegant-verspielt wirkende, auf leicht nach außen geschwungenen Ball- und Klauen-Füßen stehende Seitenteile, mit je zwei mal zwei nach vorn und nach hinten zu öffnenden Schubladen tragen die von einer holzgeschnitzten Knopfleiste abgegrenzte und auf Hochglanz polierte Arbeitsfläche. Hier stehen bis heute die in Briefen und Tagebüchern immer wieder liebevoll erwähnten vorwiegend asiatischen und ägyptischen Antiken und sonstigen Erinnerungsstücke wie eh und je an jenem Platz, der ihnen einst zugewiesen worden war – vermutlich auch schon auf einem aus den «Vereinigten Werkstätten» in München stammenden Vorgänger-Möbel, das Alfred Pringsheim 1905 seinem Schwiegersohn zur Hochzeit schenkte.

Hinter der hellbraunen Leder-Schreibmappe mit den eingeprägten Initialen «TM» befinden sich drei Feder-Schalen. Auf einer von ihnen hat seit 1938 ein chinesischer, leicht grünlicher Jadebecher, Weihnachtsgeschenk der amerikanischen Gönnerin Agnes Meyer, Platz gefunden. Das Ensemble steht zwischen den beiden hohen – Schiller'schem Ambiente nachempfundenen – Messingleuchtern, vor dem etwa dreißig Zentimeter hohen siamesischen Bronze-Buddha oder -Krieger, wie Thomas Mann ihn gelegentlich auch nennt. Rechts daneben die große chinesische Aschenschale, eine viereckige japanische Porzellanvase mit hölzernem Fuß und schließlich – familiäres Weihnachtsgeschenk 1948 für den kalifornischen Arbeitsplatz – die «hübsche Stutzuhr» in ihrem ovalen Glasgehäuse. Weiter unten dann, neben und unter vielen zum Teil recht kostbaren Kästchen und Dosen, der große elfenbeinerne Brieföffner und ein circa 15 Zentimeter langes Stück eines Elefanten-Stoßzahns. Links von der Leuchter-Gruppe die kleine Sammlung ägyptischer Grabesdiener und Soldaten und ein gerahmtes Photo von Katia als junger Frau. Davor ein kleines Bildchen der «kalifornischen Enkel» Frido und Toni. In Richtung Schreibmappe dann der Umlegekalender, mit dessen Hilfe Thomas Mann gelegentlich über den Ablauf der Zeiten meditierte, und schräg darunter, in schwarzlederner Hülle, der Notizblock. Auch auf dieser Seite gibt es noch vieles andere: verschiedene schön gemaserte und blank geschliffene Steine sowie eine Schieferplatte mit dem Abdruck einer fossilen Seelilie.

Von einigen dieser Erinnerungsstücke kennen wir die Herkunft. Sie begegnen uns im Werk und werden in Briefen, später dann auch im Tagebuch erwähnt.

Die Odyssee, die hinter diesem, in seinem aktuellen Erscheinungsbild ein ganzes Schriftstellerleben repräsentierenden Gesamtkunstwerk «Schreibtisch» liegt, hat keine Spuren hinterlassen. Vergleicht man Photos aus den späten zwanziger und frühen dreißiger Jahren mit denen, die das Zürcher Archiv ins Internet gestellt hat, findet man nur bei genauem Hinschauen ein paar Unterschiede. Über das Wenige, das im Ablauf späterer Zeit dem Altvertrauten hinzugefügt wurde, gibt das Tagebuch minutiös Auskunft; wie es denn überhaupt erst durch die Aufzeichnungen in den Diarien möglich wird, etwas über die Bedeutung zu erfahren, die jenes Möbelstück für das Aufrechterhalten bzw. die

Wiederherstellung des seelischen Gleichgewichts seines Besitzers hatte.

Es ist eine faszinierende, fast unglaublich klingende Geschichte, die allerdings mit einem weißen Flecken beginnt. Es ist der Thomas-Mann-Forschung bis heute nicht gelungen, genau in Erfahrung zu bringen, wann und unter welchen Umständen Thomas Mann das Möbelstück erwarb. Aus Photos und einer Erzählung von Elisabeth Mann wurde bisher geschlossen, dass der Kauf gegen Ende der zwanziger Jahre, vermutlich irgendwann zwischen 1928 und 1930 stattfand. Ein Tagebucheintrag vom 11. Februar 1950 in Pacific Palisades jedoch legt einen späteren Erwerb nahe: «Merkwürdiger Eindruck von Photographieen der Räume in der Poschingerstraße, 1931 hergestellt, von Moni aus der Schweiz geschickt. Arbeitszimmer, Eßzimmer, Diele und Salon. Noch der Schreibtisch aus den ‹Verein[igten] Werkstätten› mit Details, die jetzt hier.»

Auch wenn das Kaufdatum für den neuen Schreibtisch unbekannt ist, so wissen wir doch, dass der Auftrag von Münchens erster Adresse, der Antiquitätenhandlung Bernheimer, ausgeführt wurde. Leider sind die Unterlagen, die genauere Auskunft geben könnten, dem Terror der NS-Zeit und den Bombardements des Krieges zum Opfer gefallen. Und merkwürdigerweise scheint Thomas Mann selbst den Erwerb des Möbels nirgendwo erwähnt zu haben. Was jedoch sein weiteres Schicksal angeht, stehen wir dank des ab dem 15. März 1933 gewissenhaft geführten Tagebuches auf recht sicherem Boden.

Vor der Folie dieser Aufzeichnungen begannen mich nun auch die Bergengruen'schen Schreibtisch-Erinnerungen in einem ganz neuen Zusammenhang zu interessieren. Ich las und war fasziniert von der Idee, anhand eines Möbels Familien- und Zeitgeschichte zu beschreiben. Könnte die Chronik des nicht emigrierten Schriftstellers einen Kontrapunkt bilden zu einer Erzählung vom Schicksal des Thomas Mann'schen Schreibtisches zwischen 1933 und 1955?

Nein, das war mit Sicherheit unmöglich. Jede Form eines Vergleichs wäre falsch. Es gibt nichts zu vergleichen. Dazu sind bereits die Ansätze zu verschieden. Bergengruen erzählt vom Schicksal eines für ihn zentralen Arbeitsmöbels. Er schreibt eine Art Familienepos, gespiegelt in der Geschichte des für eine bestimmte Kultur- und Lebensform typischen Gebrauchsgegenstandes Schreibtisch. Dass es ihm dabei gelingt, auch die politische Situation der erzählten Zeit samt ihren Auswirkungen auf das Leben in diesen Formen zur Sprache zu bringen, macht die Geschichte zu einem Zeitdokument. – Bei Thomas Mann dagegen ist der Schreibtisch Ort einsamer Hervorbringungen. Er ist Symbol für schwer errungenes Überleben, für Erfolg und öffentliche Anerkennung und zugleich Zeuge von Niederlagen und Demütigungen. Thomas Manns Schreibtisch hat keine eigene Geschichte; er spiegelt die Befindlichkeiten seines Besitzers: Zeitgeschichte in subjektiver Brechung.

Bergengruens Geschichte ist in ihren Grundzügen schnell erzählt. Der Autor erbt 1934 den Schreibtisch seines Onkels Max von Pettenkofer – jenes bereits erwähnten Mediziners und bayerischen Hofapothekers, dessen Wirkung und Bedeutung der Chronist seinen Lesern anschaulich vermittelt. Das Möbel ist so groß, dass es in dem Berliner Reihenhaus des Erben keinen Platz findet und auch nur mit einiger Mühe in das Arbeitszimmer der zwei Jahre später in München erworbenen Villa zu transportieren ist, wo es fortan seinen Platz findet. «Er war ein gut gearbeitetes Stück in den sparsamen, klaren Formen, die das aus dem Empire-Stil erwachsene Biedermeier liebte, ohne Aufbau, ohne Verzierungen, mit rötlichem Kirschbaumholz furniert. Die Platte trug eine Bespannung von rotem Kaliko.» Das kam mir bekannt vor. Nur waren Thomas Manns frühe Arbeitstische vorwiegend in Grün gehalten. Dafür aber gab es rot lackierte Stühle.

Doch auch wenn die Details variierten, scheint es, aufs Ganze gesehen, mehr Übereinstimmendes als Trennendes zwischen den Möbelstücken gegeben zu haben: den Freiraum Schreibtisch. Denn wie Thomas Mann für seinen Arbeitsplatz reklamiert auch Bergengruen, die rote Platte des seinen habe genügend Raum nicht nur für «ein behagliches Ausbreiten der schriftlichen Arbeit» – dem «geduldig mit der Hand und mit dem Bleistift Blatt um Blatt» geschriebenen neuen Werk – gehabt, sondern daneben «auch Platz für allerlei Allotria», das nun einmal zu einem richtigen Schreibtisch gehöre. Er nennt «Dosen und Schachteln», an denen er Freude habe; «ein paar Mineralien, darunter eine schönfarbige Achatkugel von Pfirsichgröße, die still und kühl in der Hand liegt und auch der Gesichtshaut wohl und lieblich tut», eine «überlebensgroße, kraftvolle, aus Rom stammende Männerhand von Marmor, vermutlich barocker Herkunft», und «mancherlei andere» ihm ans Herz gewachsene «Kuriositäten, Raritäten und Fifferullchens». Und dann, natürlich, die große Zahl von Briefbeschwerern, meistens «Marmorfragmente von Palästen und Thermen aus römischer Kaiserzeit»: «Ein klein wenig Rom und ein klein wenig Altertum» immer zur Hand zu haben, täte ihm wohl. Doch fehle auch «die neuere Hemisphäre» nicht, für die «ein Stückchen versteinerten Holzes» aus einem der nordamerikanischen Waldgebiete stehe, das ihn an «bunten, polierten Marmor» erinnere: «blank und glatt geschliffen».

Die Bergengruen'sche Beschreibung seiner Arbeitsplatte erinnerte mich an das Zürcher Möbel. Sowohl für den baltischen als auch für den Lübecker Schriftsteller war der Schreibtisch neben seiner eigentlichen Bestimmung offensichtlich auch immer bevorzugter Aufbewahrungsort für besonders ans Herz gewachsene Dinge, die sonst keinen Raum fanden: Andenken und Zufallsfunde, die durch ihre stets gleiche Anordnung dem Schreibenden ein Gefühl von Sicherheit und Beständigkeit vermittelten.

Doch es gibt noch mehr Gemeinsamkeiten, die mir beim Lesen der Bergengruen'schen Erzählung einfielen. Auch am Berliner Schreibtisch wird Tagebuch geführt: «Erinnerungen und Erfahrungen, Betrachtungen, Beobachtungen und Gedanken de omnibus rebus et de quibusdam aliis.» Sieht man von den lateinisch zitierten Quisquilien ab, ist der Unterschied gering, zumal Bergengruen im Nachsatz ausdrücklich betont, dass auch seine Aufzeichnungen «kein anderes Ende finden» sollten als «das Ende seines Lebens».

Dann aber wird das Haus in Berlin Opfer eines Bombenangriffs. Der nur wenig beschädigte Schreibtisch kommt in eine «Möbelaufbewahrungsstelle», wo ihn «Schatzsuchende» aufbrechen, ausrauben und zerfleddern. In der Geschichte wird das Geschehen eindrucksvoll und unsentimental beschrieben: Der Schreibtisch «hatte die Bombengaudi überstanden. Ein Bein war lädiert, jeder Schreiner hätte es in

Ordnung bringen können, doch waren alle Schreiner gegen Rußland marschiert. Aber nun hatte das Schicksal es mit dem Pettenkoferschreibtisch anders im Sinn. Je mehr der Bombenkrieg fortschritt, umso mehr füllte und verengte sich der [Aufbewahrungs-]Raum. Immer mehr musste zusammengerückt und übereinander getürmt werden und immer schwerer wurde es, bis zum eigenen Besitz vorzudringen. [...] Eine Gesteinsschicht schob sich über die andere, neue Gebirge türmten sich, und unter ihnen lag begraben, was früheren Erdperioden angehörte. Es gab Verwerfungen, Unterhöhlungen, Einstürze. Erosionsvorgänge schufen unterirdische Kanäle, durch die davongeschwemmt wurde, was sich nicht zu behaupten wusste.»

Was hätte Thomas Mann gesagt, wenn er vom Untergang des Pettenkofer-Schreibtisches erfahren hätte oder gar sein eigener ihm abhandengekommen wäre? Hat er überhaupt jemals über die Schreibtische nachgedacht, die fast alle Schriftsteller-Kollegen, die gleich ihm das Land hatten verlassen müssen, verloren geben mussten? All die vielen jungen, noch unbekannten zum Beispiel, deren Geschichten ich während einer Recherche im zweibändigen Nachdruck der Emigranten-Zeitschrift «Die Sammlung» gelesen hatte? Mit dem Anspruch, «die wahre, die gültige Literatur» zu repräsentieren, für die es in Deutschland keinen Platz mehr gab, hatte der Herausgeber Klaus Mann neben den arrivierten Autoren auch eine Vielzahl weitgehend unbekannter Schriftsteller zu Wort kommen lassen. Allein das Inhaltsverzeichnis des ersten Jahrgangs weist rund 100 Namen aus. Sie alle wurden durch Hitlers Machtergreifung gezwungen, sich in der Emigration – in einem vorwiegend fremden

Sprachraum also – eine neue Existenz aufzubauen. Wo, in welcher Situation, in welcher Umgebung und mit welchen Hilfsmitteln mochten sie jene Artikel, Geschichten oder Gedichte verfasst haben, die ich jetzt las? Einen festen Ort zum Schreiben jedenfalls hatte fast keiner von ihnen … auch die wenigen Erfolgsschriftsteller nicht, deren Namen und Bücher man jenseits der deutschen Grenzen kannte. Sie alle lebten viele Monate – manche auch jahrelang – aus Koffern, und zum Schreiben blieb in aller Regel nur ein speziell erbetener Hoteltisch oder das Caféhaus, in dem es den Glücklicheren gelang, sich einen Stammplatz zu erobern.

Auch Thomas Mann machte hier zunächst keine Ausnahme. Sein Schreibtisch war in München zurückgeblieben, als er im Februar 1933 zu einer Vortragsreise nach Brüssel und Paris aufbrach und anschließend – wie seit langem geplant – mit seiner Frau zur Erholung nach Arosa weiterreiste. Erst hier erreichte ihn die Nachricht, dass eine Rückkehr in die «Poschi» – jenes Haus in der Poschingerstraße also, das er sich zwanzig Jahre zuvor gebaut hatte, um den Rest des Lebens dort zu verbringen – unmöglich geworden war.

Das Thema des Umgangs mit den durch die Emigration verlorenen Arbeitsmöglichkeiten begann, mich zu interessieren. Also entschied ich mich, trotz aller gegenteiligen Vorsätze, noch einmal zu Thomas Mann zurückzukehren und mich etwas eingehender mit jenem Schreibtisch zu befassen, dessen Geschichte für mich auf eine ganz besondere Art auch das Schicksal des über Nacht heimatlos gewordenen Schriftstellers spiegelt.

Sanary.
Das grüne Provisorium

Die unmittelbare Folge des Verlustes war ein Zusammenbruch, von dem Thomas Mann sich nur dadurch erholte, dass er beschloss, eine alte Gewohnheit wieder aufzunehmen und Tagebuch zu führen. Das hieß: die Krise zu benennen, Rechenschaft abzulegen und der Macht des Wortes zu vertrauen. Er sollte recht behalten. Die minutiös geführte Chronik aller äußeren Ereignisse – von der Politik bis zum Wetter – wird ergänzt durch nicht minder sorgfältig protokollierte, schnell wechselnde subjektive Befindlichkeiten und Reaktionen, die gelegentlich in weiterführende Erkenntnisse münden und neue Bewältigungsstrategien ermöglichen: «Mein literarisches Aktivitätsbedürfnis war in letzter Zeit durch Briefe […] befriedigt, außerdem durch diese Aufzeichnungen.» Das nachfolgende Fazit lässt ein jedenfalls zeitweilig wiedergewonnenes realistisches Urteilsvermögen erkennen: «Das ist eine Aushülfe, aber nicht gut.»

Nein, «gut» konnte es nicht sein, solange es keinen sicheren Ort gab, an dem Thomas Mann seine Gedanken sammeln und seiner Phantasie ihren vorgezeichneten Lauf lassen konnte. An fremden Orten war es ihm noch nie gelungen, Dauerhaftes zu Papier zu bringen. Er brauchte seinen festen Platz und die gewohnte Ordnung, um schreiben zu können: den eigenen Schreibtisch – samt den vertrauten

Utensilien, die ihm das Gefühl von Sicherheit und Kontinuität vermittelten. Alles andere konnte zwar der augenblicklichen Befindlichkeit zuträglich sein, das Eigentliche aber, das große literarische Vorhaben, setzte die Geborgenheit im Bekannten, Beherrschbaren voraus. Undenkbar, dass Thomas Mann an Café-Tischchen oder Sekretären seiner teuren Hotels seine Romane hätte entscheidend fördern können. Ein Brief mochte gelingen, vielleicht auch eine dringende Pflichtübung oder gar eine Rede, aber nichts, was einen langen Atem verlangte, und schon gar keine mythischpoetische Menschheitsphantasie: der «Joseph».

So ergriffen nach einigen Wochen, die man in zwar immer komfortablen, aber durch ihre Vorläufigkeit jede produktive Arbeit verbietenden Provisorien verbracht hatte, die Damen des Hauses Mann die Initiative. Eine Rückkehr nach München war auf vermutlich lange Zeit unmöglich geworden. Das hatten – neben vielen freundschaftlichen Warnungen – vor allem die Briefberichte von Tochter Erika und Schwiegermutter Hedwig Pringsheim über die unter polizeilicher Beobachtung stehende «Poschi» deutlich gemacht. Aber was dann? Mehr und mehr rückte die Schweiz in den Vordergrund der Ansiedlungspläne. Der Genfer See, oder, jenseits der Alpen, das Tessin lockten durch die klimatischen Vorzüge. Auch die Nähe zu dem in Montagnola residierenden Hermann Hesse hatte etwas Verführerisches. Doch wurde schnell klar, dass es der Stimmung zuträglicher wäre, im deutschen Sprachraum zu bleiben. Basel oder Zürich wurden ernsthaft erwogen.

Zunächst aber blieb nur das Provisorium, Lugano oder Lenzerheide, wo bereits viele renommierte Schriftsteller,

Freunde und Bekannte, unter ihnen Bruno Frank, Bert Brecht, Ludwig Fulda und Emil Ludwig, jedenfalls vorübergehend Zuflucht gefunden hatten und der Weg zu den Hesses nicht weit war. Doch trotz der räumlichen Nähe kam bei Thomas Mann ein Gefühl wirklicher Solidarität mit den Schicksalsgenossen nur bedingt auf. Überlegungen über die Gesellschaft, in die er durch sein «Außenbleiben» geraten ist, verstärken das Gefühl, ein Schicksal teilen zu müssen, das der sich selbst zuerkannten Sonderstellung innerhalb der deutschen Literatur nicht gerecht wird: «Was ist es mit dieser ‹deutschen› [Revolution], die das Land isoliert, ihm Hohn und verständnislosen Abscheu einträgt ringsum? Die nicht nur die Kerr und Tucholski [sic!], sondern auch Menschen und Geister wie mich zwingt, außer Landes zu gehen?» Zudem schmerzt die Rolle, die Gerhart Hauptmann sich von den neuen Machthabern unwidersprochen hat zuweisen lassen: «Ich hasse diese Attrappe, die ich verherrlichen half, und die großartig ein Märtyrertum von sich weist, zu dem auch ich mich nicht geboren weiß, zu dem aber meine geistige Würde mich unweigerlich beruft.»

Nein, Thomas Mann ist nicht bereit, seine «geistige Würde» preiszugeben, nicht gegenüber den neuen Machthabern zuhause, aber auch nicht gegenüber den Schicksalsgenossen. Dazu aber ist es für ihn unabdingbar, den Wohn- und Lebensstandard zu wahren.

In den ersten Maitagen reiste das Ehepaar nach Basel, um sich dort nach einer geeigneten Dauer-Unterkunft umzusehen. Der Abstand der angebotenen Objekte zu den Häusern der dort ansässigen Freunde und Bekannten war zu eklatant, als dass sich etwas hätte ergeben können: «Ich fühlte mich schlecht, und der Eindruck der Besichtigung, die eine abscheuliche und niederdrückende Vorstellung von deklassierter Existenz gab, verschlimmerte den Zustand meiner Nerven, die zu Hause bis zu Tränen versagten.» – Nein, Basel schied aus.

Ein Brief von Julius Meier-Graefe lenkte die Gedanken in eine andere Richtung: Der Literat und Kunsthistoriker schrieb von einem eventuell in Frage kommenden Haus in St. Cyr / Südfrankreich, unweit des kleinen Fischerdorfes Sanary, das sich innerhalb der wenigen Monate, die seit Hitlers Machtantritt vergangen waren, zu einem Treffpunkt der vertriebenen deutschen Literaten aller Couleur entwickelt hatte.

Klaus und Erika hatten den Ort besucht und den Eltern geraten, sich dort, zumindest für den Sommer, niederzulassen. Das Klima, die vergleichsweise geringen Unterhaltskosten, die Aussicht, Gesprächspartner zu finden – all das war verlockend. Zudem war Nizza nah, wo Bruder Heinrich heimisch geworden war. Warum sollte nicht auch Thomas das Experiment mit dem Süden wagen?

Über Marseille und Toulon ging es zunächst nach la Roche Fleurie bei Le Lavandou. Man nahm Quartier in einem bequemen Hotel unmittelbar am Meer, und in den folgenden Tagen machten sich Katia und Erika auf, um Häuser in Bandol und Sanary zu besichtigen.

Das Angebot war vielfältig, etwas wirklich Passendes allerdings kaum zu finden. Die vorherrschende Einfachheit, oft sogar Primitivität der Innenausstattung erschreckte, das Abgeschnittensein von Theater, Konzert und den anderen Anregungen durch städtisches Ambiente verstärkten die

Zweifel. Doch am Ende setzte sich die Einsicht durch, dass «das Notwendige», Voraussetzung für alles Weitere, wirklich die «Entscheidung in der Hausfrage» und die wenn auch provisorische «Installierung» wäre, die für Thomas Mann allein das «Gleichmaß des Lebens» verbürgte.

Er erwägt sogar, einen Brief an den nationalsozialistischen «Statthalter» in München, General Epp, zu schreiben, um «ein Arrangement wegen Vermögen und Mobiliar» zu erreichen … eine Idee, die Katia offensichtlich billigt und die noch am gleichen Tag in die Tat umgesetzt wird. Es scheint, als habe dieses Schreiben nicht unwesentlich zur Klärung auch der eigenen Position und Haltung beigetragen. Das Tagebuch macht deutlich, dass sich der Schreiber über die negativen Folgen, die sein Vorschlag unter Umständen haben konnte, sehr wohl im Klaren war: «Feindseliges Schweigen», «Abweisung meiner Auffassung» oder gar «Beschlagnahme aller meiner Habe». Dennoch – oder vielleicht sogar deshalb – ist in den folgenden Tagen die Stimmung gebessert. Das Tagebuch verrät die Hoffnung, in absehbarer Zeit trotz allem «zu einigem Behagen und Sicherheitsgefühl» zu gelangen.

In den Gesprächen bei Tisch werden – etwas überraschend – auch Pläne für den Erwerb eines Hauses bei Zürich erwogen, «denn diese Stadt steht zur Zeit im Vordergrund unserer Gedanken». Und noch am selben Abend fällt eine wichtige Entscheidung: «Beschluß, meine Lieblingsmöbel: Schreibtisch und Fauteuil mit Taburet durch Bernheimer, das Grammophon durch [das Musikhaus] Koch abholen und später schicken zu lassen.» Wohin die Sendung gehen soll, bleibt einstweilen noch offen. Auch die Frage, wie so etwas denn konkret zu bewerkstelligen wäre, wurde offenbar nicht diskutiert. Bereits am nächsten Tag aber scheint der Entschluss in die Tat umgesetzt worden zu sein. «Wegen der Möbel und des Grammophons ist noch heute Weisung zu geben.»

Und dann wird wieder einmal aufgebrochen: «Wir reisen mit dem Omnibus ½ 11 Uhr nach Toulon, wo wir Anschluß nach Bandol haben.» – Bandol, der kleine Ort war Sanary benachbart und besaß ein Grand Hotel, in dem man Quartier bezog. Und wenn sich auch der Speisesaal bereits am ersten Abend als ein zu großer und geschmackloser Raum erwies, so hatten die Zimmer doch Loggien und versprachen bessere Arbeitsmöglichkeiten. Dennoch fiel Thomas Manns Fazit am ersten Abend negativ aus: «Ich finde in diesem Kulturgebiet alles schäbig, wackelig, unkomfortabel und unter meinem Lebensniveau.»

Aber er beginnt, sich einzurichten. Katia hatte als Erstes einen größeren Tisch in die Loggia bringen lassen und offenbar mit Erfolg versucht, die Arbeitsmöglichkeiten zu verbessern: «Ich schreibe in der Loggia, wo ich vorwiegend wohl auch arbeiten werde.» Das klingt, als sei man zumindest für den Augenblick entschlossen, zu bleiben. Auch der vier Tage später vorgenommene Wechsel in das – zunächst Katia zugewiesene – «bevorzugte Eckzimmer mit Bad» deutet auf den Willen zu jedenfalls vorläufiger Sesshaftigkeit: «Mein Arbeitsplatz vor der Loggia ist entschieden hübsch, und alles wäre recht gut, wenn im Hintergrund ein gesichertes Heim stände.»

Das allerdings ist im Augenblick noch nicht in Sicht. Dennoch: Trotz quälender Nachrichten über die Sperrung der Konten und sich hinziehender Schwierigkeiten mit der

Passverlängerung gelingt es, am provisorischen Arbeitstisch «den Roman», das heißt den zweiten Band des später vierbändigen Zyklus «Joseph und seine Brüder», «Der junge Joseph», wieder in Angriff zu nehmen: «Gestern und heute Beschäftigung mit dem Roman. Etwas weiter geschrieben.»

Eine Begegnung mit dem erfolgreichen Kollegen Lion Feuchtwanger, dem es gelungen war, in Sanary eine Villa zu mieten, die Frau Marta im Handumdrehen in ein neues Zuhause verwandelt hatte, setzt neue Überlegungen in Gang: «Ich denke doch zuweilen, daß man […] in einem gemieteten Hause den Sommer hier verbringen könnte.» – Mit diesem Konzept ließen sich auch andere Bemühungen wie die vom Verleger Gottfried Bermann-Fischer und dem mit der Abwicklung der innerdeutschen Angelegenheiten beauftragten Münchener Rechtsanwalt Valentin Heins vereinen, die darauf hinausliefen, das «Außenbleiben» der Familie Mann «legal zu gestalten»: Einem komfortablen Sanary-Provisorium – so der verführerische Plan – sollte, zur Regelung aller Modalitäten, im Herbst eine kurze Rückkehr nach München und schließlich die legale Übersiedlung in die Schweiz folgen.

Ende Mai gelang es Katia tatsächlich, ein zu provisorischer Bleibe geeignetes Haus ausfindig zu machen: «Freie und reizvolle Lage, geschmackvoll persönliche Einrichtung, leichte Verbindung mit dem Ort, ein eingeborenes Mädchen in Aussicht […], ein billiger Preis.» Den Bemühungen um die Legalisierung eines Umzugs in die Schweiz allerdings war kein Erfolg beschieden. Noch vor der Übersiedlung in die «Villa Tranquille» überbrachte Tochter Monika die Nachricht, dass alles in Münchener Banken liegende Geld – immerhin 40.000 Mark – beschlagnahmt worden sei und vermutlich auch die Wertpapiere sowie Haus und Grundstück verloren gegeben werden müssten. Das war ein harter und offenbar unerwarteter Schlag. «Ich blieb natürlich ruhelos», notierte Thomas Mann noch am gleichen Abend – es war der 31. Mai – in sein Tagebuch, «aufs Neue erschüttert fast wie zu Anfang der Krise. Was wird aus den sechs Kindern werden?»

Doch schwerer als die Sorge um die Familie drückte die narzisstische Kränkung auf die Stimmung, die sich trotz einer ehrenvollen Einladung in das Haus des schriftstellernden Afrika-Reisenden William Seabrooks nicht recht bessern wollte: «Man saß mit ihm, einem unreinlichen Mann [und] seiner Freundin [...] in dem hofartigen Garten mit Platanen. Er hat mit Kannibalen gelebt und einmal Menschenfleisch gegessen. – Nervös und verfroren.» Auch dass Thomas Mann «aus Vergeßlichkeit», wie das Diarium vermerkt, seine Hausschuhe anbehalten hatte, sodass man keine Gelegenheit hatte, sich wieder warm zu laufen, sondern noch einmal den Wagen der Gastgeber bemühen musste, hob die Stimmung nicht. Erst der Rückgriff auf die erprobte «Kombination» starker Schlafmittel verhalf zu ungestörter und erquickender Nachtruhe.

Katias Umzugs-Aktivitäten, das talentierte Musizieren der beiden jüngsten Kinder, Michael und Elisabeth, die ihre Sache mit großem Ernst betrieben und sich nicht ungern auch vor Gästen hören ließen, die intensive Lektüre von Tolstois «Krieg und Frieden» sowie einiger «wunderlich-schöner Gedichte» von Matthias Claudius und schließlich auch die Spaziergänge «auf dem Wege am Meer» entlang taten ein Übriges. Das Eintreffen von Sohn Golo, der von einem mit

Hilfe der französischen Botschaft gelungenen Transfer noch nicht beschlagnahmter 65.000 Mark auf ein Pariser Konto berichten konnte, sorgte für weitere Beruhigung. Aber dennoch ging es mit der eigentlichen Arbeit, der Förderung des zweiten «Joseph»-Bandes, nur sehr zögerlich voran: «Wenig geschrieben» (3. Juni), «Mit dem Erzählen geht es kaum vorwärts. Die Widerstände sind groß, ich langweile mich, ich bin zerstreut.» (4. Juni) «Matt und verdrießlich» heißt es noch einen Tag vor dem Geburtstag, der doch immer ein besonders ersehnter und glücklicher Tag war.

Es scheint, als seien angesichts dieser Misere selbst Katia noch einmal Zweifel gekommen, ob der Mittelmeerstrand im Sommer wirklich ein konzentrierter Arbeit förderlicher Ort wäre oder ob man nicht die Pläne ändern und die Atlantikküste – Bretagne oder Normandie – vorziehen sollte. Doch ein geburtstäglicher Ausflug festigt den Entschluss, im Süden zu bleiben. «Nachmittags fuhren wir mit dem Autobus nach La Ciotat, wo wir im Casino Kaffee tranken und durch schöne Häuser in Gärten am Strand sehr zur Niederlassung angeregt wurden.» So klang denn dieser Tag schließlich doch freundlich aus: Trotz verspäteter Heimkehr wurde «Champagner bestellt», «die Kinder trugen das Konzert von Vivaldi vor. Man aß von der Geburtstagstorte, trank den Sekt und blieb länger als gewöhnlich beisammen».

Wenige Tage später dann der Einzug ins ersehnte Private, und am 12. Juni kann Thomas Mann endlich wieder an einem zwar provisorischen, aber doch allein für seine Arbeit hergerichteten Schreib-Tisch sitzen: «Wir sind in unserem hübschen, kultiviert wohnlichen Hause, und schon schreibe ich diese Zeilen nach persönlich fast vollkommener Installation in meinem sympathischen Arbeitszimmer an einem grün ausgeschlagenen Spieltisch, den ich vorläufig zum Schreibtisch gewählt habe.»

«Ein grün ausgeschlagener Spieltisch» ... wo hatte ich Ähnliches gelesen? Ein Blick in die Arbeitsbibliothek half meinem Gedächtnis auf die Sprünge: Viktor, der jüngste der Mann-Brüder, beschreibt in seinem Familienbericht «Wir waren fünf» nicht nur den mit «barock gebuchteten Fächern, Schubladen und Aufsatzschränkchen» ausgestatteten Nussbaumschreibtisch seiner Mutter in der Münchener Herzogstraße, sondern auch die Dachgeschosswohnung in der Schwabinger Marktstraße, wo Bruder Thomas von November 1898 bis zum Juni 1899 hauste: weiße, mit moosgrünem Rupfen bespannte Wände, erdbeerrot angemalte Korbstühle und der mit einer grünen Decke bedeckte «große, aber ganz primitive Arbeitstisch» (an dem unter anderem auch die Novelle «Der Kleiderschrank» entstand). – Durch die Erinnerungen des Schriftstellers und Literaten Arthur Holitscher, der mit Thomas Mann in seiner nächsten – gleichfalls Schwabinger – Wohnung in der Feilitzschstraße musizierte, wissen wir darüber hinaus, dass sich bereits um 1900 auf dem zum Arbeiten vorgesehenen Möbel des jungen Dichters einige «Reliquien» befanden: «Auf dem Schreibtisch war ein mit dünnem Kranz geschmücktes Porträt Tolstojs zu sehen, große, mit präziser, steiler Schrift bedeckte Manuskriptblätter lagen, zu beachtlicher Höhe getürmt, vor dem Bild.»

Liebgewordene oder aus besonderem Anlass erworbene Gegenstände müssen also schon früh einen Stellenwert in der Schreibökonomie Thomas Manns gehabt haben. Was lag näher, als sie auf dem Allerheiligsten zu drapieren?

Nidden.
Ein Exkurs

Bei der Lektüre dieser Zeugnisse fielen mir meine Besuche
in Nidden, einem Fischerdorf auf der Kurischen Nehrung,
ein, wo Thomas Mann sich 1929/30 ein komfortables, aber
einfaches und dem Stil der Landschaft angepasstes Som-
merhaus hatte errichten lassen. Als ich 1999 zum ersten
Mal dorthin kam, war von der ursprünglichen Ausstattung
nichts mehr zu sehen, aber die notwendigsten Reparaturen
waren abgeschlossen, das Holz wieder braun, die Fenster-
läden hellblau gestrichen und das Haus nach vielen Jahren
wechselvoller Fremdnutzung der Literatur zurückgegeben:
Thomas Mann fungierte als Schutzpatron eines dem geistigen Austausch gewidmeten Tagungs- und Begegnungszen-
trums, in dem sich heute Künstler und Forscher aus der ganzen Welt treffen. Damals ging es noch ruhiger zu, und ich
hatte Muße, mir Photographien der ursprünglichen Ausstattung anzusehen, auch solche, die den Hausherrn am
Schreibtisch seines Arbeitszimmers im Obergeschoss zeigen.
    Der litauische Literat und Journalist Leonas Stepanaus-
kas hat die Geschichte des Hauses und seiner Nutzung re-
cherchiert. Er hat auch Interviews mit Katia führen können,
die uns in die Lage versetzen, nicht nur alle Wohnräume,
sondern auch das Arbeitszimmer samt Schreibtisch zu re-

konstruieren: «Es war kein großes Zimmer … ein Raum mit einem schrägen Dach. Ein Mansardenzimmer. Aber mit Blick auf das Haff. [...] Die Hauptsache war dort naturgemäß sein Schreibtisch. Es war ein ganz einfaches Möbel, das eine Memeler Firma verkauft oder angefertigt hatte.»

Zeitgenössische Photographien illustrieren diese Berichte aufs schönste. Eines dieser Bilder zeigt Thomas Mann in einem weich gepolsterten Korbstuhl vor einem sehr schnörkellosen Möbel sitzend, an dem nur die glänzend polierte Arbeitsplatte auffällt. Auf ihr standen eine schlichte altmodische Lampe, zwei Photographien und einige Reliquien, die auf dem Photo nicht deutlich erkennbar sind. Katia Mann zufolge war eines der Bilder eine Photographie der Lieblingstocher Elisabeth. Ansonsten: ein Umlegekalender … und eine Gänsefeder, die nach dem gleichen Bericht, ähnlich wie in München, «nur als Dekoration» diente. Zum Schreiben habe ihr Mann stets «eine ziemlich weiche Stahlfeder» und «immer gute Tinte» benutzt. Fass und Halter sind denn auch auf dem Photo erkennbar. Erstaunlich und offenbar eine Niddener Spezialität: eine Vase mit frischen Blumen in der oberen rechten Ecke.

Für ihren Mann habe «Atmosphäre» alles bedeutet, sagte Katia damals, und eine heimatliche Atmosphäre setze eben immer den eigenen, unverwechselbaren Schreibtisch voraus: Die Hauptsache «war der Schreibtisch. Da durfte sich nichts rühren, nichts verändern.» Und auf die Rückfrage des Interviewers: «Ordnung wie in München?», gab Frau Thomas Mann zur Antwort: «Nicht ganz so. Annähernd. Aber nicht so wie im Kurort oder gar im Hotelzimmer. Es war sein Heim, sein zweites Zuhause. Das spürte ich genau.

Fast noch im ersten Augenblick unseres Ankommens. Wir waren noch beim Auspacken, und mein Mann war schon oben. Er schrieb Briefe.»

«Er schrieb Briefe» … wie er es auch im Sommer 1933 an seinem provisorischen, grün ausgeschlagenen Arbeitstisch in Sanary tat. Ob er zurückdachte, damals, an den Niddener Schreibtisch, von dem aus er einigen Bekannten und Freunden – unter ihnen Hermann Hesse und der Zürcher Literarhistoriker Carl Helbling – am 14. August 1932 von einem ebenso eindrücklichen wie erschreckenden Erlebnis berichtet hatte? «Ein Nazi-Mensch sandte mir, nebst einem Schmähbrief, ein im Feuer verkohltes Exemplar von ‹Buddenbrooks› zu, ausdrücklich, um mich zu zwingen, eigenhändig das Werk der Vernichtung zu vollenden. Ich hebe aber Brief und Wahrzeichen sorgfältig auf. Es mag einmal dazu dienen, Späteren den Seelenzustand des deutschen Volkes im Jahre 1932 und dieses Volkes Märchentorheiten zu veranschaulichen.»

«Märchentorheit» hatte er den Vorfall damals genannt. Ein Dezennium später, im Mai 1943, wird er, den diese «Torheit» zunächst aus Deutschland, dann aus Nidden und schließlich auch aus Europa vertrieben hatte, im «Study» seines kalifornischen Domizils am altvertrauten Münchener Schreibtisch sitzend, anlässlich einer BBC-Sendung zum zehnten Jahrestag der Bücherverbrennung, seine «Deutschen Hörer» mit den Folgen dieses «Vorspiels» konfrontieren: «Unter allen Schandtaten des Nationalsozialismus, die sich in so langer, blutiger Kette» an dieses Ereignis reihten, wird «diese blödsinnige Feierlichkeit [...] am allerlängsten im Gedächtnis der Menschen fortleben. [...] Das Hitler-Regime ist das Regime der Bücherverbrennungen und wird es bleiben.» An Heinrich Heines «Almansor»-Ausspruch: «[Dort] wo man Bücher verbrennt, verbrennt man am Ende auch Menschen», erinnert Thomas Mann nicht in dieser Rede; für mich ein Hinweis darauf, dass ihm die Existenz der Verbrennungsanlagen in den KZs noch unbekannt war.

Jedenfalls lag im Nidden des Jahres 1932 dergleichen, gottlob, noch außerhalb jeden Vorstellungsvermögens. Aber aus den Briefen, die Katia Mann in jenem Sommer an ihre Mutter und die beiden «Großen», also Erika und Klaus, schrieb, geht die tiefgreifende Verunsicherung hervor, die jene gespenstisch veraschte Buch-Sendung bei dem Ehepaar auslöste: die Angst vor einsamen Wegen und das Misstrauen gegenüber unangemeldeten Besuchern. Nein, man war nicht ungern nach München zurückgefahren im Frühherbst 1932. Dass dieser dritte Nidden-Aufenthalt der definitiv letzte sein würde, wäre allerdings auch Katia Mann damals nicht in den Sinn gekommen.

Hingegen wird sie – noch einmal dreißig Jahre später – dem litauischen Interviewer erzählen, dass sich ihr Mann bereits vor diesem Ereignis in Nidden nicht immer uneingeschränkt wohl gefühlt und die Einsamkeit ihn zunehmend in einen nervösen Zustand versetzt habe: «Die Landschaft mit ihrer Weite und Einsamkeit begann ihn zu bedrücken. Nach den fragwürdigen Ereignissen ängstigte sie ihn sogar. Die ganze Atmosphäre war damals so gespannt. Es waren ja auch politisch beunruhigende Zeiten, die wir dort verlebten.»

Dem ist wenig hinzuzufügen. Dennoch, für die Arbeit am «Joseph» blieb die Niddener Landschaft mit ihrer Weite und der Sand-Einsamkeit ihrer großen Dünen ein dauerhafter und wichtiger Eindruck, vergleichbar dem der Schneewüste in den Schweizer Alpen, von dem der «Zauberberg» erzählt. Thomas Mann war sich dieser Parallelität bewusst, als er im März 1934 in Davos seinem Tagebuch die «klimatische Überanstrengung und die psychische Einwirkung der blendend verschwimmenden Schneewüste» anvertraute, die zu einer ihm «von Nidden her» vertrauten «Furcht-Erregung und dem Verlust der Nerven» geführt habe.

Doch zurück nach Sanary, das sich seit dem 30. Januar 1933 mehr und mehr zu einem Treffpunkt deutscher Literaten entwickelte, wie es in der Vergangenheit eigentlich nur das Romanische Café in Berlin gewesen war. In seinem Lebensrückblick erklärt der Literat und spätere Professor Ludwig Marcuse dieses französische Fischer-Dörfchen sogar schlichtweg zur damaligen «Hauptstadt der deutschen Literatur». In den zwei Cafés am Hafen hätten sie zusammen gesessen, die «Thomas Mann und Bruno Frank, Arnold Zweig und Lion Feuchtwanger, Ernst Toller und Bert Brecht, Alfred Kerr und René Schickele, Piscator […], Fritzi Massary und die Sternheim-Tochter Mops, Hermann Kesten und Friedrich Wolf und Franz Werfel und Wilhelm Herzog, Arthur Koestler» und viele, viele andere: «Sie wollten miteinander sprechen, Pläne machen, hoffen, traurig sein und verzweifeln.»

Nun, diesen Wunsch teilte Thomas Mann nur bedingt. Er sah sich ungern als einer von vielen. Aber auch für ihn war die Gewissheit, «da unten» Gleichgesinnte zu finden, die seine Sprache sprachen, ausschlaggebend gewesen für den Entschluss, jedenfalls den Sommer dort zu verbringen.

Marcuses späterem Bekenntnis: Hier, «in dieser kleinen Bucht an einem der ausrangiertesten Gleise des Weltgeistes, vergaß ich an den glücklichsten Tagen, daß ich nicht hier geboren war», hätte er sich allerdings so wenig angeschlossen wie Marta Feuchtwangers Aussage, dass ihr die schon bald nach der Ankunft in Sanary erworbene Villa Valmer mit dem prachtvollen Meeresblick und dem wundervollen Garten mehr ans Herz gewachsen gewesen sei als ihr Berliner Domizil und dass sie gern für den Rest ihres Lebens dort geblieben wäre.

Auf Dauer, das wusste Thomas Mann vom ersten Augenblick an, konnten ihm weder die Natur noch die Villa Tranquille den adäquaten Lebensrahmen bieten. Dennoch überwog zunächst einmal das Glück der endlich wiedergewonnenen Privatheit, die allein ihm Arbeitsfähigkeit garantiert: «Die seelische Verfassung sehr gebessert und beruhigt durch die Rückkehr ins Private, die eine Art Heimkehr ist. Selbst Einiges in dem Roman lese ich mit Beifall.»

Kein Zweifel, in dem Maß, in dem es Katia Mann gelang, die häusliche Atmosphäre jedenfalls in Umrissen wiederherzustellen – sogar das vertraute Hausmädchen Maria wurde aus München herbeigeholt, um für Kontinuität zu sorgen –, verbesserte sich die Arbeitsfähigkeit des *pater familias*. Die Tagebücher bezeugen: Bereits vier Tage nach Einzug in das neue Haus ist der alte Rhythmus wiederhergestellt: «Ich ging morgens [...] wie gewöhnlich einige Schritte auf die Klippen überm offenen Meer hinauf und beschäftigte mich nach dem Frühstück bis zum Mittag interessiert und angelentlich mit der – nicht leichten, aber wichtigen – Gliederung und Betitelung des I. Joseph-Bandes. Das häusliche

Mittagessen – Tomatensuppe, Beefsteak und Kirsch-Pfann-kuchen – schmeckte mir vorzüglich.»

Auch die finanzielle Situation hatte sich stabilisiert. Trotz aller Enteignungen und Schikanen blieb im Augenblick im-merhin noch ein verfügbares Vermögen von zweihundert-tausend Schweizer Franken, und der Hausherr machte sich ein Vergnügen daraus, diese Summe in Französische Francs umzurechnen. Er kam auf die stolze Zahl von einer Million. Grund genug, um bereits wenige Tage nach dem Umzug in die Villa Tranquille einen «Gesellschaftsabend wie in der Poschingerstraße» zu veranstalten, mit «Brötchen, Gebäck, Thee und Wein und zunehmend lebhafter Konversation über die deutschen Dinge». Und wie einst in München las der Gastgeber zum Abschluss ein Romankapitel vor. Dies-mal «Das bunte Kleid» aus dem zweiten «Joseph»-Band. Es schien zu gefallen: «Es wurde 12» Uhr, und als die Gäste – noch waren es neben der Familie nur die vertrauten Schicke-les, Meier-Graefes und Heinrich Mann – gegangen waren, räumte das Ehepaar gemeinsam auf ... wie in alten Zeiten.

Bald erweiterte sich der Kreis. Die Anschaffung eines eigenen Wagens erleichterte die Kommunikation und schuf Abwechslung. Man besuchte Mäzene, die seit vielen Jahren den Sommer auf ihren herrlich gelegenen Anwesen an der Côte d'Azur verbrachten, oder man traf Schicksalsgenossen, fühlte sich geehrt, bestätigt und erwog die eigene Situation in neuen Konstellationen: «Hasenclever sprach viel, mit Er-bitterung und Freude, über meine Lage und Haltung, und man war gegen meine Schweizer Einbürgerung, der man in meinem Fall eine einfache europäische Ehren-Freizügigkeit vorziehen würde.»

«Europäische Ehren-Freizügigkeit»: Thomas Mann durfte sich verstanden fühlen. Wen wundert es, dass auch die Arbeit zügig voranschritt? Katias mit grünem Filz bedecktes Provisorium bewährte sich. Das schwierige Geschäft der «Einteilung und Benennung des 1. Bandes» war schnell bewältigt, ja, der Autor fühlte sich sogar «amüsiert», als sich bei der Aufteilung der Kapitel «eine gewisse Zahlenmystik» ergab, die er sich als gutes Omen für eine gelungene übersichtliche Präsentation des «hübsch abgeteilten Stoffes» deuten konnte. Und selbst die dem Tagebuch kontinuierlich anvertrauten Analysen der eigenen Befindlichkeit bekommen einen anderen Duktus, wenn sie, als den Tag beschließendes Resümee, in der Privatheit eines eigenen Arbeitsplatzes niedergeschrieben werden können: «Dachte in der Stille des Abends über mein Leben nach, seine Pein und Schwere von frühan und seine Gunst vermöge gewisser glücklicher Seiten meines Charakters. Ich glaube doch, zuletzt werde ich seiner recht müde sein – und nicht nur seiner, sondern damit auch, im Gegensatz zu den Hoffnungen und Sehnsüchten meiner Jugend, des Lebens überhaupt. Genug, genug! Wenn man das am Ende sagt, so meint man nicht nur die eigene ‹Individuation›, [sondern] man meint das Ganze – aus der wahrscheinlich zutreffenden Erkenntnis wohl: Viel anders ist es nie.»

«Viel anders ist es nie» … Diese Erkenntnis dokumentiert eine Art Einverständnis mit dem provisorischen Dasein, den Entschluss, die Ungerechtigkeit des Schicksals zu akzeptieren und im Horizont des Vorläufigen dort weiterzumachen, wo man vor drei Monaten hatte aufhören müssen: am Schreibtisch.

Es ist faszinierend zu sehen, wie sich Thomas Manns Leben in dem Augenblick wieder ordnet, da er über einen Arbeitstisch verfügt, dessen Nutzung ausschließlich ihm vorbehalten blieb: ein Möbelstück, das zwar nicht eigens für ihn gefertigt, aber für ihn – und nur für ihn – zum Schreibtisch hergerichtet und mit Gerätschaften ausgestattet wurde, die ausschließlich seinem Bedarf dienten. Fühlte er sich an seine Anfänge erinnert, an den schlichten, grün überzogenen Tisch in der Schwabinger Junggesellenwohnung, auf dem sich die Manuskript-Blätter der «Buddenbrooks» stapelten wie jetzt die Korrekturen des ersten «Joseph»-Bandes? Einen «einfachen, grün gedeckten Ausziehtisch» … wie ihn später auch Adrian Leverkühn in der Rambergstraßen-Wohnung benutzen wird?

Wir wissen, dass sich Thomas Mann noch zwei Jahre später dankbar jenes Arbeitsmöbels in Sanary erinnerte. Während seiner zweiten, der Entgegennahme eines Harvarder Ehrendoktorats geltenden Amerikareise stellte ihm der holländische Literat Hendrik van Loon für die Zeit eines Besuchs in seinem Landsitz auf der Veranda des Hauses ein eigenes Tischchen zum Schreiben zur Verfügung. «Nach dem Thee rückte ich den leichten Spieltisch, an dem ich, wie in Sanary, zu schreiben pflegte, in den Schatten und fuhr noch etwas fort, an dem Kapitel zu schreiben.» «An dem Kapitel»: Das hieß zu dieser Zeit bereits am letzten Teil des dritten «Joseph»-Bandes, dessen glückliche Beendigung man zwei Monate später, am 23. August, mit Bowle und einem von Tochter Erika verfassten Gedicht in Küsnacht feierte.

Wie immer es gewesen sein mag: «Ein grün ausgeschlagener Spieltisch» in einem sympathischen, nur der Arbeit vorbehaltenen Raum macht die Fremde – nein, nicht zur Heimat, aber immerhin zu einem Ort, an dem die Arbeit den vertrauten Lebensrhythmus garantiert. Wo und wie mochte Katia das Möbel gefunden haben? War es ein ausrangierter Billardtisch, bei dem sie eine Längsseite entfernen ließ? Oder ein ganz normales, rechteckiges Möbel passenden Ausmaßes, dessen Platte sie mit grünem Filz überzog? Versuchte sie, durch den improvisiert zum Schreiben hergerichteten Tisch die Assoziation zu den ähnlich vorläufigen Arbeitsbedingungen herzustellen, unter denen die ersten großen Erfolge gelungen waren? – Belege für derartige Überlegungen gibt es nicht, doch ist gut denkbar, dass es so gewesen ist. Katia Mann kannte ihren Mann und wusste, wie sehr ihn Erfolge – auch wenn sie nur noch Erinnerung waren – stimulierten.

Sie war aber auch Realistin genug, um zu wissen, wie sehr das Wohl und Wehe der ganzen Familie von der Arbeitsfähigkeit des Ernährers abhing, und sie handelte entsprechend. Einerlei, ob es sich um das für bestimmte, genau festgelegte Zeiten geltende Ruhegebot oder die Rituale der Mahlzeiten handelte, um das, was Thomas Mann erfahren durfte, oder um das, was man ihm besser verschwieg ... seine Bedürfnisse und seine Wünsche bestimmten den Rhythmus des Familienlebens, unter welcher Sonne auch immer. Ohne Katias unablässige Bemühungen um optimale Arbeitsbedingungen wäre das Exil für Thomas Mann wohl kaum zu bewältigen und die «Joseph»-Geschichte nicht fortzuführen gewesen.

Natürlich bleiben Zweifel und Irritationen auch am neuen Schreib-Möbel nicht aus: «Vergebliche Bemühung, wieder

zum Erzählen zu kommen. Es fehlen Heiterkeit und Energie. ‹Was soll der Unsinn›.» (3. Juli 1933) Aber die Grund-
befindlichkeit hat sich entscheidend stabilisiert. Gesellige
Abende mit sich ständig erweiterndem Besucherkreis geben
wie einst in München wieder Gelegenheit, das jüngst Geschriebene vor unterschiedlich zusammengesetzten Zuhö-
rerkreisen auszuprobieren. «Eine angenehme Erinnerung
der gesellige Abend in unserem Garten, bei dem ich den
‹Segensbetrug› vorlas und eine offenbar tiefe Wirkung damit
hervorrief.» Diese Erfahrung ist wichtig, denn die grund-
sätzlichen Bedenken drohen, das Vertrauen in die eigene Ur-
teilskraft zu untergraben. «Immer habe ich bei solchen Ge-
legenheiten das Gefühl, zu täuschen und zu blenden, weil ich
nicht das Verfehlte, Teigig-Sitzengebliebene biete, sondern
eine ‹schöne Stelle› und jenes verhehle, sodaß es scheint, das
Ganze sei so.» – Aber die unübersehbar starke Wirkung der
Lesung beruhigt die Zweifel, «das Präsentierte» erweist sich
als gelungener und eindrucksvoller als erwartet, sodass nun
auch der Umkehrschluss möglich wird und «das Verhehlte»
weniger schlecht zu sein scheint, als es der Autor befürchtet
hatte.

Ein Brief Thomas Manns an seinen Verleger Gottfried
Bermann Fischer zeigt den Rahmen, in dem die Vorlesungen stattfanden. Es war ein literarischer Salon im Garten:
«Etwa 20 Personen hörten zu, und die kleine Terrasse vor
meinem [Arbeits-]Zimmer diente als Podium.» Sybille Bedford, Huxley-Biographin und Freundin der beiden ältesten
Mann-Kinder, schildert ähnliche Szenen, nun aber aus der
Perspektive der Gäste und nicht ohne Süffisanz, wie Manfred Flügge berichtet: «Wenn Thomas Mann las, saß er an

einem hohen Tisch auf der Terrasse, drei Autoren-Kollegen saßen ihm zur einen Seite, auf der anderen Seite standen Stühle für ihre Frauen und für Erika Mann, die ihrem Vater das Manuskript brachte, aus dem er dann etwa fünfzig Minuten las.» Auf dem Rasen vor dieser «Bühne», auf den herabführenden Stufen und auf kissenbestückten Gartenbänken saß die *misera plebs*: eine Schweizer Dichterin, die jüngeren Mann-Kinder, der noch die Schulbank drückende Schickele-Sohn, Aldous und Maria Huxley, Heinrich Manns üppige Geliebte Nelly Kröger, die Chronistin selbst und noch einige andere. Später habe man den Gästen der oberen Etage Hühnersalat und Weißwein gereicht, während die übrigen sich mit Obst und etwas Gebäck zufriedengeben mussten. Heinrich Mann, noch steifer und formeller als sein Bruder, sei trotz der Hitze in schwarzem Anzug mit hohem Kragen erschienen und habe jedem, der sich anschickte, ihm die Hand zu schütteln, zwei Finger entgegengestreckt. Jeder Autor sei stolz für sich geblieben; «nur Feuchtwanger ging umher und sprach mit allen schönen Frauen».

Man sieht, nicht nur die Literatur, sondern auch der Literaturklatsch gediehen in der südländischen Diaspora. Und auch Thomas Mann war nach Bewältigung des vorgesetzten Tagespensums ein zumindest zeitweilig geselliger Mensch, neugierig und für Klatsch durchaus empfänglich ... zumindest dann, wenn man seine Sonderstellung nicht in Zweifel zog.

Dennoch war es in erster Linie Katia, die die ihrem Mann so unentbehrlichen sozialen Kontakte pflegte, alte Verbindungen wieder aufnahm und neue in den Lebenskreis der Familie integrierte. Sie war es auch, die – nicht selten stellvertretend für ihren Mann – dort half, wo sie es für nötig hielt ... selbst dann, wenn es «nur» darum ging, Festtage so auszustatten, dass der zu Feiernde die Möglichkeit bekam, seine Gäste angemessen zu bewirten.

René Schickele hat den Verlauf einer solchen Festivität anlässlich seines 50. Geburtstags am 4. August 1933 in seinem Tagebuch ausführlich beschrieben:

«Zu unserer Überraschung erschien Katia Mann mit ihren beiden Jüngsten und gratulierte. Herrliche Blumen, ein ‹Delikatesskorb›, frisch aus Toulon herbeigeholt. Mit seinem Inhalt können wir heute Abend die größte Gesellschaft bewirten.»

Und so geschah es dann auch. Zahlreiche Gäste stellten sich ein, und «mit dem Erscheinen der Familie Mann erreicht die Feierlichkeit ihren Höhepunkt. *Er* ganz Senator, der Millionen umschlungen sein lässt. Katia, die nicht zu Worte kommt, schiebt nervös den Unterkiefer vor. Bibi und Medi [gemeint sind Michael und Elisabeth, die beiden Jüngsten der Familie] gucken mit großen Augen zu. [...] Moni [die ältere Schwester] lächelt, einen Fuß noch im Dschungel. Golo [das dritte der Mann-Kinder] dreht sich in einer Ecke langsam hin und her. Er wirkt finster und unbeteiligt. Ich denke an den Sonnenuntergang, der kein Ende nehmen wollte. Schließlich sagt Thomas Mann in leichterem Ton: ‹Vor einem Jahr hätte man Ihnen in Deutschland ein Bankett gegeben›, worauf Katia herausplatzt: ‹Na, der Ehrentisch ist ohnehin hier versammelt, und damit müssen wir uns begnügen.›»

Gut beobachtet! Das Wissen um die Depravierung provoziert den Stolz und ein Selbstbewusstsein, das sich am Ende in einem nachhaltigen moralischen Protest gegen die in Deutschland herrschende Mediokrität und in der verbalen Vergewisserung des eigenen Recht-Tuns artikuliert: spontan oder in Aufrufen und Deklarationen, aber eben auch mit den Mitteln der Poesie. Nach der Lektüre jedenfalls eines Teils der umfangreichen Berichte, die wir aus der Sanary-Emigration kennen, habe ich den Eindruck, als ob bei den vielen unpolitischen Festen, die dort gefeiert wurden, auch dieser Stolz und dieses Selbstbewusstsein zumindest unterschwellig stets eine Rolle gespielt haben.

Dennoch blieben die Feste – auch wenn sie relativ häufig und nicht nur im Hause Mann stattfanden – natürlich die Ausnahme. Im Alltag ging es bescheidener zu. Den Lebensstandard der Villa Tranquille konnte sich allenfalls noch Lion Feuchtwanger leisten, der auch in der Emigration nach kurzer Zeit wieder über mehrere Schreibtische verfügte. Aber sein Arbeitsstil war bereits in Berlin singulär gewesen. Die meisten Flüchtlinge in Sanary lebten in bescheidenen Zimmern, die, wenn es hoch kam, noch über eine kleine «Terrasse» oder einen der viele Häuser umlaufenden Holzbalkons verfügten. So berichtet Marta Feuchtwanger von Ludwig Marcuse, dass er seine Artikel und Bücher «mit gleich bleibender Begeisterung» auf einer winzigen Veranda geschrieben habe, auf der seine langen Beinen «gerade noch Platz» hätten finden können. Marcuse selbst fühlte sich jedoch offensichtlich nicht sehr beengt. «In meinem Sanary saß ich, abgesehen von einigen Wintermonaten in Paris, sechs glücklich-unglückliche Jahre meist vor einem Holztisch auf der Veranda des kleinen provencalischen Gärtner-Häuschens ‹La Côte›. Das W.C. lag unter einem Ölbaum und war gar kein W. C., hatte dafür aber das Herzchen in die Tür eingeschnitten.»

Wenn man Geselligkeit wollte, traf man sich in den zwei Cafés am Hafen, dem «Marine» und dem «Nautique» der Witwe Schwab. Thomas Mann jedoch dürfte dort kaum anzutreffen gewesen sein. Nachdem er die Villa Tranquille bezogen hatte, trank er seinen Tee lieber zuhause: im Familienkreis oder gemeinsam mit Freunden, die er auf seiner Veranda oder im Garten empfing. Aber auch er gestand sich ein, dass sein «Bedürfnis nach gesellschaftlicher Gegenwart und Zerstreuung» zugenommen habe: «Ich bedauerte heute fast, daß der Abend mit Huxley bei Meyer-Graefe, an dem Heinrich lesen soll, [...] verschoben ist.» Zum «Volksvergnügen» anlässlich des französischen Nationalfeiertags am 14. Juli ließ er sich samt ganzer Familie nach Bandol bringen, wo man sich mit Meier-Graefes und Schickeles traf und abends in großer Runde «mit Freude» das Fest-Feuerwerk verfolgte. Er genoss den sich ständig vergrößernden Kreis; improvisierte Gartenfeste stärkten das Gefühl, sich in guter Gesellschaft zu befinden: «Abends Gesellschaft im Garten: Feuchtwangers, Arnold Zweigs mit Sekretärin, [Wilhelm] Herzog, Seabrooks und [Katias Cousine] Ilse D[ernburg]. Ich sagte, wir würden später an diesen Aufenthalt noch gern und heiter zurückblicken.»

Natürlich gab es neben den Festen nicht wenige Stunden, in denen das Wissen um die Vorläufigkeit dieser Existenz das Befinden und die Arbeitsfähigkeit beeinträchtigten und gelegentlich sogar bis an die Grenze des Erträglichen herabsetzten. Gespräche mit Erika über die unentschiedene politische Haltung des Vaters, der den offenen Bruch mit dem in Deutschland herrschenden Regime wortreich und ängstlich vermied, waren der Stimmung nicht eben zuträglich, auch wenn sich der Gescholtene bemühte, sein Verhalten als «natürliche Folge der Einmaligkeit seiner Situation» zu interpretieren: «Das Erscheinen [meiner Bücher] in Deutschland [zwingt] zu Rücksichten, die innerhalb der Emigration bittere Enttäuschung hervorrufen müssen.» Dennoch litt auch er unter der «Schiefheit und Unklarheit» seiner Lage, zumal er im Grunde seines Herzens sehr wohl wusste, dass es zur dauerhaften Wahrung seines Ansehens mehr bedurfte als des bloßen «Außenbleibens» und dass «ein solches Lavieren zwischen Entschiedenheit und Rücksicht» auf das innerdeutsche Lesepublikum an einem Punkt nicht mehr möglich sein würde. Er kannte den Preis, den er zu zahlen haben würde: «Schwere Chocs erwarten mich da noch», und er machte sich keine Illusionen: «Meine Münchener Habe, die bewegliche und unbewegliche, das schöne Haus mit dem nicht zu rettenden Inventar wird weggenommen werden, und ich werde cum infamia der deutschen Staatsangehörigkeit für verlustig erklärt werden.» Aber er tat alles, um diesen Entschluss hinauszuzögern.

Seinem Ansehen in Sanary tat diese Zögerlichkeit, soweit wir wissen, keinen Abbruch. Die Toleranz unter den Flüchtlingen scheint ungewöhnlich groß gewesen zu sein. «Hinausgeworfen», wie es Katia später einmal nannte, waren sie alle, auch wenn die Gründe für die Verbannung unterschiedlich waren. Zwanzig Jahre später, anlässlich des 70. Geburtstages von «Freund Feuchtwanger», formulierte Thomas Mann in einer Laudatio auf den langjährigen Gefährten seine Bewunderung für eine politische Entschiedenheit, zu der er sich selbst erst drei Jahre später und unter vergleichsweise freundlichen Umständen hatte durchringen können: Feuchtwanger «weiß genau: kommt das, was ich da verhöhne, zur Macht, wie es nur zu wahrscheinlich ist, so bricht mir mein Werk den Hals, so ist meines Bleibens nicht, ich muß fliehen, – wenn ich's noch kann. Wissentlich gräbt er sich selbst den Boden ab – aus Übermut kaum. Er muß es – es ist da ein Auftrag des Geistes, der keine Selbstschonung duldet und alle Furcht niederhält.»

Dieses Lob wiegt umso schwerer, als «Selbstschonung» die vielleicht zutreffendste Definition von Thomas Manns Verhalten in den ersten Emigrationsjahren ist – *in politicis* so gut wie im Privaten. Und die Voraussetzungen, diesem existenziellen Bedürfnis nachzugeben, scheinen in der kleinen Oase Sanary besonders gut gewesen zu sein, da, wo jeder den anderen auch dann leben ließ, wenn er nicht mit ihm übereinstimmte. Die Abscheu vor dem, was in Deutschland geschah, vereinte die Einzelgänger und schuf eine Gemeinsamkeit, die individuelle Eigenheiten mühelos integrierte. Thomas Mann hat diese Konstellation genutzt und genossen.

Dennoch zog es ihn, als es Herbst wurde, in die Stadt. Die Entscheidung war nicht leicht, die Nähe der neu gewonnenen Freunde wog schwer. Und doch: Noch während in Sanary am grünen Schreibtisch die Arbeit am zweiten «Joseph»-Band zügig voranging, wurden die Pläne aus den ersten südfranzösischen Exiltagen wieder aufgegriffen, ausgewähltes Mobiliar und Silber aus München abholen und in die Schweiz schicken zu lassen.

Offen blieb lediglich die Frage, wo dieses Mobiliar am

Ende denn seinen Platz finden sollte. Nizza wurde erneut erwogen. Hier beabsichtigten Heinrich Mann und einige der neuen Freunde den Winter zu verbringen. Eine angemessene Unterkunft stand zur Verfügung: «Es wäre ein vornehmer Lebensrahmen, der kein Degradierungsgefühl aufkommen ließe; man könnte den Chauffeur Joseph aus M[ünchen] dorthin kommen lassen», und man hätte die Möglichkeit, Gäste standesgemäß zu beherbergen. Und auch wenn die Entscheidung für ein «Züricher Definitivum» vernünftiger wäre, so hätte die Verlängerung des Provisorischen zumindest den Vorteil, weiterhin relativ kostengünstig leben zu können und nichts präjudizieren zu müssen.

Die Nachricht des Schweizer Konsuls aus Marseille, sein Land habe der Familie Mann ein – sogar unbefristetes – Aufenthaltsrecht gewährt, machte derartigen Überlegungen jäh ein Ende. Und als es Erika gelang, in Küsnacht eine geeignete Familienvilla mit Seeblick zu mieten, war die Entscheidung gefallen: Zürich erfüllte alle Voraussetzungen für ein Leben, das an das von München her Gewohnte erinnerte: genügend Raum – ein komfortables Arbeitszimmer, Schulen für die «Kleinen»; dazu ein Konservatorium, an dem Michael seine musikalische Ausbildung absolvieren und Elisabeth – neben dem Abitur – ihr Klavierspiel perfektionieren konnten. Zudem professorale Bekannte an Hochschule und Universität, und schließlich Freizeit-Vergnügungen auf höchstem Niveau: Das Theater hatte, zumal nach dem Engagement zahlreicher erstklassiger aus Deutschland emigrierter Schauspieler, einen blendenden Ruf, und die Konzertprogramme konnten sich auch schon vor den Gastdirigaten aus Deutschland verbannter Künstler wie Bruno

Walter mit denen anderer europäischer Großstädte durchaus messen.

Ab Ende August ist Aufbruchsunruhe spürbar. Das abendliche Schlendern wird zu Abschieds-Spaziergängen, und das Tagebuch vermerkt sogar eine «Abendgesellschaft» der offizielleren Art. Wie einst in München kleidet sich der Hausherr sorgfältig um und rasiert sich: Seabrook, seine damalige Frau, die Romanautorin Margerie Worthington, sowie Annette Kolb und Bruder Heinrich stellen sich ein, das Essen war «sehr gut», und «der Abend verlief, französischdeutsch, ganz amüsant».

Die Arbeit am grünen Schreibtisch aber bleibt bis zum letzten Tag untangiert. Die Korrespondenz häuft sich, doch auch der «Joseph» gedeiht. Am 17. September wird die erste Potiphar-Szene abgeschlossen. Dennoch: «Wanderschaftserregung und -Beklemmung wie zur Zeit von Lenzerheide» droht den in Sanary erworbenen Seelenfrieden zu stören. Aber die berechtigte Hoffnung auf eine «würdige und der früheren sehr verwandte Existenz, – überdies deutsche Theater und die Atmosphäre einer weltverbundenen und geistigen, wenn auch bürgerlichen Stadt» wirken beruhigend. Ja, es gibt sogar Pläne über den Ortswechsel hinaus. Gut bezahlte Vorträge werden vereinbart: sowohl für die Schweiz als auch für Holland.

Der freundschaftlich-familiäre Abschiedabend am 20. September klingt wie der erste, drei Monate zuvor, mit einer Lesung des Hausherrn aus: «Ich las die ‹Pyramiden› und machte starken Eindruck damit.» So beflügelt konnte sogar der letzte Tag jedenfalls vormittags zu produktiver Arbeit genutzt werden. Zwar schrieb Thomas Mann, wie er seinem Tagebuch anvertraute, «etwas erregt und zerstreut», aber während Katia packte und Spediteure die letzten Kisten zunagelten, saß er doch noch einmal – abgeschirmt vom Alltag, auf sich und den «Joseph» konzentriert – an seinem liebgewordenen Provisorium und zog Bilanz: «Der Auszug ist so gut wie bewerkstelligt und Zürich nahe. Allerlei Reizvolles wegen des Romans schwebte mir vor. Ich empfand die Überlegenheit meines Talentes über alle in Deutschland Zurückgebliebenen und äußerte übrigens gestern Abend zu Heinrich, daß ich trotz vorgerückter Jahre mir zuweilen belebende und steigernde Wirkungen auf mein Künstlertum durch die gewaltsame Befreiung aus der deutschen Misere und die Verpflanzung ins Europäische erwarte.»

Zürich.
Vorläufige Bleibe

Am Abend des 23. September bestieg das Ehepaar Mann in Toulon den Schlafwagen nach Lausanne, von wo es nach kurzem Aufenthalt nach Zürich weiterging. Die im Hotel St. Peter gemieteten Zimmer bestechen durch die «nicht mehr gewohnte Annehmlichkeit des laufenden heißen Wassers» im luxuriösen Bad und die «eigenen Toiletten». Das Fazit am Ende der Sanary-Zeit und vor Beginn des neuen Daseins klingt zuversichtlich: Von «Heimatlosigkeit» ist keine Rede mehr. Was immer es, auch in der Schweiz, an «stumpfsinnigen Sentimentalitäten» und Vernunft und Geschmack erniedrigenden Vorkommnissen geben mag, es «berührt mich nicht. Das Heimische soll mich ebenfalls weniger und weniger berühren. Ich will es von ferne sehen, gewiß mit Neugier und Spannung, zu der man alle Ursache hat, aber mit der Freiheit, die der Sinn und Vorteil meines Außenseins ist.»

Die Inspektion der gemieteten Villa zwei Tage später fällt positiv aus: Die Räume des weitläufig gebauten Hauses sind noch unvollkommen ausgestattet, präsentieren sich aber höchst erfreulich und flößen Vertrauen zu dem Aufenthalt ein. «Ich studiere besonders mein sehr großes und elegantes Arbeitszimmer, dessen Einrichtung freilich auch noch zu wünschen läßt. Hoffe auf meinen Schreibtisch und Lesestuhl aus München.»

Selbstverständlich folgen der Hochstimmung auch diesmal Niedergeschlagenheit und «Zweifel an der Lebensrichtigkeit» der so euphorisch gefassten Entschlüsse. Sie provozieren quälende Gedanken und stellen die mühsam errungene Balance wieder in Frage: «Meinte ich nicht schon zu sehen, wir mir die deutsche Wendung zum persönlich Guten ausschlüge.»

Doch auch diese Melancholie-Anfälle schwächen sich bald wieder ab angesichts des überwältigend freundlichen Empfangs durch alte Freunde und neue Bewunderer. Bermann annonciert das Erscheinen des ersten «Joseph»-Bandes in vierzehn Tagen, ermutigende Post und kleine Gesten der Aufmerksamkeit durch Unbekannte festigen das Selbstbewusstsein. Die Ablenkung durch den Umzug tut ein Übriges.

Am Nachmittag des 27. September 1933 fährt das Ehepaar Mann im schwer bepackten Peugeot in der Schiedhaldenstrasse vor und beginnt, sich in dem «eleganten, aber dilettantisch gebauten, lächerlich hellhörigen und unzulänglich eingerichteten Hause» zu installieren. Die auch hier als luxuriös empfundenen Badezimmer versöhnen mit den noch vorhandenen Unzulänglichkeiten. Schon den Vormittag des nächsten Tages verbringt der Hausherr Briefe schreibend in seinem «großen, atelierartig kahlen Arbeitszimmer». An welchem Schreibtisch er sitzt, erfahren wir nicht.

Die ersten Tage im neuen Haus stehen unter keinem guten Stern. Der aus München anreisende Sozius des Familienanwalts Heins bringt wenig Erfreuliches: Rivalisierende Ansprüche von Partei, Finanzbehörden und Politischer Polizei haben einen «friedlich-rechtlichen Verlauf» der Trennung von Deutschland erfolgreich verhindert, die entschädi-

gungslose Enteignung aller Besitztümer scheint unabwend-
bar, das Münchener Haus samt allem Inventar mit großer
Wahrscheinlichkeit verloren. Das Tagebuch reflektiert eine
beeindruckende Begegnung zwischen dem Emigranten und
dem Juristen, der «vor sich selbst leugnet, unter Zwang zu
stehen», der «an der Idee des Rechtes und der Wahrheit»
festhält, aber nicht in der Lage ist, sie «von sich aus und nicht
erst aus Zwang» zur Geltung zu bringen. Kein Wort der Re-
signation oder gar der Verzweiflung über den vorausseh-
baren Verlust, stattdessen die Wiederholung des Auftrags
«in Sachen des Musik-Apparates» und der seinerzeit von Ida
Herz aus der Münchener Bibliothek herausgebrachten Bücher, die es «möglicher Weise zu retten» gelte.

Zwei Tage später dann die definitive Rückkehr zum
«Hauptgeschäft»: «Stellte die Einteilung der Ankunftser-
zählung her und bestimmte, wie anfangs in Sanary, Kapitel-
Überschriften für das Geschriebene vom Anfang des III.
Bandes. Diese Titel sind ästhetisch von unglaublicher Wichtigkeit.» – Kein Zweifel, die Arbeit kommt, wenn auch sehr
zögerlich, in Gang: «Besserte, führte die Betitelung weiter
und registrierte die bisherigen 18 Kapitel des III. Bandes.»

Schneller noch als das Romanmanuskript an dem auch
jetzt nicht näher beschriebenen Schreibtisch wächst die Teilnahme am so vielfältigen kulturellen Angebot. Das Wichtigste aber: Die Konzeption des dritten «Joseph»-Bandes
gelingt. «Angeregte Beschäftigung mit den Notizen zu zukünftigen Kapiteln und mit der Vorbereitung des nächsten.
Jedes Wiederanheben ist schwer und merkwürdig, ein neuer
Beginn.»

Über den Tisch, an dem Thomas Mann arbeitete, immer

noch kein Wort. Es scheint, als habe er ihn von vornherein nur als Provisorium angesehen. Zu Recht, denn schon gut vierzehn Tage nach dem Einzug in die Schiedhaldenstrasse stellt Erika Mann gemeinsam mit Annette Kolb die Verbindung zu einer Zürcher Familie her, der die in Schickeles Badenweiler Haus lagernden Möbel *pro forma* geliefert werden sollen. Offenbar hatte das angeblich zur Reparatur in den Südschwarzwald verfrachtete «Umzugsgut» ungehindert von München nach Badenweiler transportiert werden können. Von dort aus, so die Kalkulation, sollte es, als Eigentum des französischen Staatsbürgers René Schickele deklariert, die deutsche Grenze passieren.

Noch einmal vierzehn Tage später war es dann wirklich so weit. Das Tagebuch vom 30. Oktober 1933 meldet «Heimsuchung durch den Antransport der 40 Kisten mit Hausrat, Porzellan und überflüssigen Büchern». Der Eintrag berichtet aber auch, was nirgendwo sonst vermerkt ist: Dem Münchener Rechtsanwalt war es nicht gelungen, weiteres Mobiliar aus dem Poschingerstraßen-Haus herauszubringen.

Doch schon der Anblick des rechtzeitig Geretteten sorgte für einen Gefühlssturm: «Mit den Kisten und Körben ist eine Welle von ehemaligem Leben, mich sehr erschütternd und erregend, ins Haus gestürzt: Viel Silber, Kleider, Mäntel, Schuhzeug, Tisch- und anderes Leinen, Theegerät und Kunstgegenstände. Der siamesische Krieger steht wieder vor mir auf dem Schreibtisch, der vielleicht noch durch den ‹wirklichen› nebst Stuhl ersetzt wird.»

Der ‹Wirkliche›! Noch einmal drei Wochen später stand er tatsächlich wieder in der Mitte des neuen Arbeitszimmers. Am 25. November fuhr der Umzugswagen vor: «Es ist 9 ¼ Uhr und regnet weißlich. Der Lastwagen ist da; man packt aus und schleppt. Mein bisheriger Schreibtisch ist bei Seite gerückt, man entfernt die unnötige Chaiselongue, meine Stühle, der Hamburger Empire-Fauteuil und der mit dem Tabouret, wurden ins Zimmer getragen. Es ist träumerisch, sie zu sehen.»

Noch halb benommen macht sich Thomas Mann diesmal persönlich an die Arbeit: «Das Aufstellen und Räumen, das Auspacken der kleinen Gebrauchs- und Ziergegenstände aus den Schubladen des Schreibtisches nahm fast den ganzen Vormittag in Anspruch. Dies sind die ersten Zeilen, die ich wieder an dem schönen Möbel, in dem dazugehörigen Stuhle schreibe. Nach Tische las ich die Zeitung in dem Empire-Fauteuil. Die Plaketten-Sammlung, die gewohnten Einzelheiten des Schreibtisches sind wie vordem geordnet. Der Abreiß-Kalender war dick – er war am 11ten Februar stehen geblieben. Ich entfernte mit sonderbaren Empfindungen den ganzen Packen von Tagesblättern bis heute. Auch in der Halle sind die schönen Empire-Schränke aus unserem Familienbesitz, die Kandelaber und der Musikapparat schon aufgestellt.»

Es grenzt in der Tat an ein Wunder: Ein Dreivierteljahr nach dem Aufbruch zu einer lang geplanten Vortrags- und anschließender Urlaubsreise, die sich, auf halbem Wege sozusagen, als Fahrt ins Ungewisse erweisen sollte, konnte Thomas Mann an den Ort zurückkehren, der allein ihm Lebenskontinuität und Stetigkeit der Arbeit verbürgte: an seinen Schreibtisch.

Das hat es – soweit ich weiß – in der Geschichte der Emigration sonst nirgendwo gegeben. Wir wissen von Lion

Feuchtwanger und Arnold Zweig, dass sie sich für ihre neuen Unterkünfte neue Schreibtische anfertigen ließen; andere Flüchtlinge kauften sie, alt oder neu, wenn es ihnen denn gelungen war, sich jedenfalls notdürftig zu etablieren. Dass es jedoch einem der vielen sonstigen Emigranten gelang, den eigenen Schreibtisch nicht nur innerhalb von Europa zu retten, sondern auch noch auf andere Kontinente mitzunehmen, ist mir nicht bekannt. Ich weiß, dass viele der Exilierten, wenn auch vielleicht nicht die meisten von ihnen, weiter schrieben, notfalls auch in einer anderen Sprache – aber niemand, wie Thomas Mann, am altvertrauten Schreibtisch. Vielleicht ist in der dadurch verbürgten Kontinuität seiner Existenz sogar die Legitimation zu suchen für seinen Ausspruch «Wo ich bin, ist Deutschland».

Da war es fast voraussehbar, dass die Ankunft des lang ersehnten Schreibtischs sogar die Physis veränderte: «Sehr bewegt und angestrengt», heißt es im Tagebuch, «Kopfschmerzen und große Müdigkeit sind die Folge.» Doch die Kontinuität der Existenz ist gesichert. Schon am nächsten Tag arbeitet Thomas Mann wieder «nicht ohne Freudigkeit an dem schönen, wohnlich eingerichteten Möbel, dessen neu polierte Platte etwas sehr Edles hat».

Kein Zweifel, das Ziel: die Wahrung des bisherigen Ansehens, ist erreicht. Das wird sichtbar in der eigens erwähnten Entfernung der abgelaufenen Kalenderblätter – die als Symbole einer jetzt gottlob vergangenen («überwundenen»?) Zeit vernichtet werden. Die Zeremonie wiederholt sich, wie eh und je zukunftsorientiert, in dem anlässlich jedes Jahreswechsels sorgfältig notierten Einspannen eines neuen «Blocks».

So fällt denn auch der Rückblick am letzten Tag des schicksalsschweren Jahres 1933 zufriedenstellend aus: «Es ist halb 12. Die Glocken läuten. Ich habe, was mir immer ein bedeutender Moment ist, den neuen Kalenderblock eingespannt, und es freut mich, daß diesmal die Festtage rot sind. [...] Ich gehe schlafen. Welches Jahr seit Februar. Mein Heimweh nach dem alten Zustande ist übrigens gering. Ich empfinde fast mehr davon für Sanary, das mir im Rückblick als die ‹glücklichste› Etappe dieser 10 Monate erscheint, und nach meiner kleinen Stein-Terrasse am Abend, wenn ich darauf im Korbstuhl saß und die Sterne betrachtete.»

«Mein Heimweh nach dem alten Zustande ist übrigens gering»: Die stolze Retrospektive begünstigt den Entschluss, die Zürcher Existenz fortzusetzen. Das Tagebuch vom 1. Januar 1934 meldet, dass man den Mietvertrag um 3 Monate, bis Ende Juni, verlängert habe. Denn allen «Depressions»-Anfällen des *pater familias*, allen Gerüchten und ungelösten Fragen zum Trotz – (Wie verhält sich «Berlin»? Verhindern die Rangeleien zwischen Berlin und München die Hoffnung, sich vielleicht doch als «Auslandsdeutscher» etablieren zu können?) – hat die Familie Mann in Küsnacht unerwartet schnell eine jedenfalls vorläufige Heimat gefunden: Die Ausbildung der Kinder ist gesichert, der «Joseph» gedeiht, und ein vielfältiges kulturelles Angebot sorgt für Ablenkung und Vergnügen. Das Theater im «Pfauen», das Konzerthaus und die vielen Kammermusiksäle der Stadt werden regelmäßig besucht. Nicht selten sind es alte Freunde, die dort auftreten: Albert Bassermann und Therese Giehse, die Brüder Busch, Rudolf Serkin oder Herzogpark-Nachbar Bruno Walter.

Auch Erika hatte es geschafft, ihre «Pfeffermühle» erfolgreich fortzusetzen. Vertrauter Besuch stellt sich ein, Einladungen in renommierte Häuser ermöglichen neue Bekanntschaften. Gut besuchte Vorträge des *pater familias* schließlich mehren nicht nur die Einkünfte, sondern auch das gesellschaftliche Ansehen in der Stadt. Der renommierte Kapellmeister Volkmar Andreae, Lehrer und musikalischer Mentor von Michael Mann, bietet, parallel zu seinen Bemühungen um die Einbürgerung des Violinisten Fritz Busch, Hilfe für den vorgezogenen Erwerb des Schweizer Bürgerrechts an.

Thomas Mann verstaut unterdessen seine glücklich geretteten Tagebücher in den wiedergewonnenen Schreibtisch und gibt sich freundlichen Erinnerungen hin. Er ist so gefestigt, dass er sich zutraut, Vortragsreisen ohne Katias Assistenz zu unternehmen. Zur morgendlichen Arbeit am Hoteltisch kleidet er sich in den hellgrauen Seiden-Schlafrock, den er in Sanary häufig «angelegt» hatte. Und wie in Sanary knüpfen auch die Lesungen ohne Zäsur an die einstigen Veranstaltungen in Deutschland an. Im wieder wohleingerichteten Arbeitszimmer versammeln sich, wie einst in München, Kinder, Freunde und privilegierte Durchreisende, um der Vorlesung des Letztgeschriebenen beizuwohnen und Beifall, in ausgewählten Fällen auch Kritik zu spenden. Bei den öffentlichen Veranstaltungen wird die Reaktion des Publikums, wie einst im heimatlichen München, akribisch vermerkt: «Der gestrige Abend verlief ehrenvoll». Die Hautevolee, wo auch immer, empfängt und macht Reverenz; die Säle sind überfüllt, das Publikum lauscht ergriffen, angespannt, intensiv, manchmal sogar gerührt. Selbst die sorgfältig vermerkten «Pannen» wirken vertraut: «Dichter Beifall am Schluß, der aber nicht vorhielt, um mich nach dem Abgang in den Saal zurückzurufen, was mich jedes Mal kindischer Weise verstimmt.» Dann muss «eingenommen» werden, denn Thomas Mann hat festgestellt, «daß eine Nacht unter Phanodormwirkung für den folgenden Vormittag besondere Leistungsfähigkeit gibt».

Mag sein, aber wichtiger ist das wiedergewonnene Grundvertrauen in das eigene Vermögen, für das die gewohnten Arbeitsbedingungen bürgen: «Sitze wieder an meinem geretteten, schönen Mahagoni-Schreibtisch in meinem Küsnachter Arbeitszimmer, nachdem ich die Nacht gut und beruhigt unter meiner geliebten purpurnen Seiden-Steppdecke, die so leicht und warm ist, geschlafen.»

Der Jahrestag der «ahnungslosen Abreise» aus München, einen Tag später, gibt erneut Anlass, Bilanz zu ziehen: «Die Wiedergewinnung der einzelnen Möbel, der Bücher, des Musikapparats und der Garderobe bildete ebenfalls Epoche in diesem Jahr der Abenteuer. Zum Schluß habe ich [auf] der eben zurückgelegten Reise, wenn auch oft unter Zagen, meinen Mann gestanden.» – Das Fazit: «Ich kann zufrieden sein mit meinem Lebensstandard nach der ‹Wende›. Ich habe mein Bad, mein Automobil, ein schönes Arbeitszimmer, gute Mahlzeiten. Das Haus werden wir wohl für absehbare Zeit behalten, sodaß in dieser Beziehung der Zustand ruhige Dauer verheißt und die Beängstigung neuen Wechsels und Wandels vermieden werden wird.»

Die Gefahr einer sozialen Katastrophe ist abgewehrt. Leben und Arbeit haben ihr Kraftzentrum wiedergefunden, ihre alte Mitte: den Schreibtisch. Die Bestätigung aber, dass der Lebenszuschnitt einschränkungslos wiederhergestellt ist, bleibt dennoch wichtig. Das Erstaunen der aus München zu temporärer Haushaltshilfe herbeigebetenen Marie Kurz ist einen Eintrag ins Tagebuch wert: «Die Kurz sehr entzückt von dem Hause. Sie hatte sich offenbar unsere Existenz viel degradierter und bedrückter, exilmäßiger gedacht, und das wird wohl in Deutschland vielfach der Fall sein.»

Manchmal scheint es sogar, als habe Thomas Mann bewusst darauf bestanden, dass sich – wie im alltäglichen Leben – auch im Ablauf der Erholungszeiten nichts änderte. Der Winterurlaub in den Schweizer Bergen wird wie eh und je in der seit Jahren vertrauten Umgebung verbracht: Sils Maria, St. Moritz, Arosa …

Überall steht ein Sondertischchen vor oder in der Loggia für die Arbeit zur Verfügung, an dem Thomas Mann versucht, «die Freude am bewußten Genuß der kleinen und alltäglichen sinnlichen Annehmlichkeiten des Lebens» in die literarische Produktion einfließen zu lassen, und wie jedes Jahr, in immer neuen Variationen, vermerkt das Tagebuch unmittelbar nach der Heimkehr : «Ordnete wieder meinen Schreibtisch.»

Die sichere Bastion erlaubt es, sich wieder auf größere Reisen zu wagen. Wien, Prag, Budapest: das alte Österreich-Ungarn … deutschsprachiges Gebiet, in dem ein hochgebildetes Publikum jede Nuance des Gelesenen genießt und applaudierend zur Kenntnis nimmt, entschädigt für die in Deutschland nicht mehr möglichen Auftritte.

Auch jenseits des Atlantiks beginnt man, auf Thomas Mann aufmerksam zu werden. Einer der angesehensten Verleger der Vereinigten Staaten, Alfred Knopf, lädt den Autor ein, die Premiere der amerikanischen «Joseph»-Übersetzung durch seine Anwesenheit zu einem besonderen Ereignis zu machen ... samt Gattin, wie sich versteht. Ende Mai 1934 besteigt das Ehepaar in Boulogne den holländischen Dampfer «Volendam». Die Reise-Lektüre des Cervante'schen «Don Quichote» regt zu autobiographischen Meditationen an. Thomas Manns Essay «Meerfahrt mit Don Quichotte» erscheint 1935 bei S. Fischer in Berlin als ein Beitrag der Sammlung «Leiden und Größe der Meister», der letzten Publikation des Autors, die bis 1946 in Deutschland erscheinen konnte.

Am 20. Juni trifft das Ehepaar wieder in Zürich ein. Einen Tag später sitzt Thomas Mann an seinem Schreibtisch: «Überraschender Weise sehe ich mich wieder in meinem Küsnachter Arbeitszimmer», heißt es in einem Brief an Gottfried Bermann Fischer. «Das Abenteuer ist zurückgelegt und scheint nur noch ein Traum.» Es gilt, weiterzumachen. Nur: womit? «Die Tagesereignisse, die Vorgänge in Deutschland üben beständig einen so scharfen Reiz auf mein moralisches, kritisches Gewissen aus, daß die Arbeit an meinem 3. Bande völlig stockt und ich im Begriffe bin, sie hinzuwerfen, um mich einer politischen Bekenntnis- und Kampfschrift hinzugeben, durch die ich mir rücksichtslos das Herz erleichtern, Revanche für alle in diesen 1 ½ Jahren erlittene geistige Unbill nehmen und gegen das Regime vielleicht einen Schlag führen könnte, den es spüren würde. Natürlich ist es mir leid und weh um den Roman [...], und ich fühle wohl, wieviel gegen eine solche Investition an Zeit und Kräften spricht. *Lohnt* es überhaupt noch, sich auf diesen Schund polemisch einzulassen und schönere Pflichten darüber zu vernachlässigen? Andererseits, ist nicht auch jenes doch eine Pflicht, deren Erfüllung die Welt mir danken würde? Kurzum, ich schwanke hin und her und weiß nicht, wo Hand anlegen, – ein scheußlicher Zustand.»

Ein scheußlicher Zustand ... gewiss, aber kein bedrohlicher mehr. Im Grunde bejaht Thomas Mann den mühsam errungenen Status «einer halben» oder doch «nicht ganz schroffen» Emigration in die Ostschweiz, «vor den Toren Deutschlands» sozusagen, den er allerdings gern etwas «lockerer und freizügiger» gestalten würde: ein bisschen à la Hermann Hesse, «der draußen [lebt], dem aber Deutschland nicht verschlossen ist». Dennoch stehen ihm die Vorzüge auch seines Lebens nach jeder Zeitungslektüre wieder neu vor Augen. «Es wäre undankbar», heißt es in einem Brief an Alfred Kubin vom September 1935, «wollte ich meinen Zustand nur leidlich nennen. Ich bewohne ein hübsches Haus oberhalb des Zürich-Sees, und wenn ich nicht mehr reich bin wie vorher eine Weile, so habe ich doch alles, was ich brauche, und meine Existenzform hat sich im Ganzen gegen früher wenig geändert. [...] [Ich] reise zu viel, gehe mit meiner Zeit und meinen Kräften noch immer um, alsob mir ein langes Leben mit Sicherheit noch immer bevorstände.»

«Ich reise zu viel» ... In der Tat: Anfang Juni 1935 steht die zweite Amerikareise bevor. Die Harvard University hat dem emigrierten Deutschen – gleichzeitig mit einem anderen zu Hause Verfemten, Albert Einstein – die Würde eines *doctor honoris causa* verliehen. Wenig später lädt die First Lady der Vereinigen Staaten, Eleanor Roosevelt, zu einem Dinner ins Weiße Haus. Eine demonstrative Geste, die auszuschlagen unmöglich ist. An Bord des französischen Ozeandampfers

«Lafayette» überquert das Ehepaar im Juni 1935 zum zweiten Mal den Atlantik, den es in Zukunft noch häufig wird befahren müssen. Denn während sich auf dem amerikanischen Kontinent neue und interessante Lebens- und Verdienstmöglichkeiten abzeichnen, nimmt die politische Entwicklung in Europa bedrohliche Züge an.

Im Februar 1936 distanziert sich Thomas Mann zum ersten Mal öffentlich von den deutschen Machthabern und bekennt sich zu jenen, die der Überzeugung sind, «daß aus der gegenwärtigen deutschen Herrschaft nichts Gutes kommen kann, für Deutschland nicht und für die Welt nicht». Damit sind die Würfel gefallen. Lange hat die literarische Welt auf diesen Schritt warten müssen. Jetzt ist er getan, und Thomas Mann wird schnell zum Sprecher der gesamten deutschsprachigen Emigration. Die Ansprüche häufen sich, wenn es gilt, Manifeste zu formulieren und herausragende Künstler und Wissenschaftler durch Laudationes oder Nachrufe gebührend und mit garantiertem Echo zu ehren: sei es den bereits 1934 verstorbenen Jakob Wassermann, den eigenen Bruder, den Freund Bruno Walter oder – europaweit – den 80-jährigen Sigmund Freud, dem Thomas Mann während einer Wien-Reise im Mai 1936 seine Aufwartung macht.

Und nebenbei gilt es auch noch, den dritten «Joseph»-Band zu beenden, eine Arbeit, die unter Einfluss des luxuriösen Ambiente und der «herrlichen» Luft von Sils Baseglia während eines Kurzurlaubs im Sommer 1936 glücklich vollbracht werden konnte. Am 23. August wird – wie bereits erwähnt – die Vollendung des Werks gefeiert, das ohne den vertrauten, Konzentration und Kontinuität verbürgenden Arbeitsplatz niemals hätte geschrieben werden können.

Einer derart gesicherten Existenz konnte auch die Aberkennung der deutschen Staatsbürgerschaft am 2. Dezember 1936 nichts mehr anhaben, die unter Berufung auf das im Brief an Eduard Korrodi formulierte Bekenntnis zu jener Literatur erfolgte, die sich «eindeutig auf die Seite des staatsfeindlichen Emigrantentums» geschlagen und «gegen das Reich schwerste» – auch von der Auslandspresse negativ beurteilte – «Beleidigungen» formuliert habe. Thomas Mann sprach denn auch von der «geistigen Bedeutungslosigkeit» eines solchen Vorgehens, das schon allein dadurch obsolet geworden war, dass er und seine Familie vierzehn Tage zuvor tschechoslowakische Staatsbürger geworden und damit automatisch aus dem deutschen Staatsverband ausgeschieden waren.

Nein, Thomas Manns Problem war nicht die Staatsbürgerschaft, sondern die Expansionspolitik seines ehemaligen Vaterlandes, die im März 1938 zur Annexion Österreichs, ein halbes Jahr später des Sudetenlandes führen und schließlich die gesamte Tschechoslowakei der deutschen Befehlsgewalt unterwerfen sollte. Die bange Frage nach der Sicherheit der Schweiz wurde nicht nur im Hause Mann diskutiert, wo man sich noch mit Schrecken an die Entführung des deutschen republikanischen Journalisten Berthold Jacob aus Basel, 1935, erinnerte. Angesichts der jetzt offenen regimekritischen Äußerungen des Hausherrn schien ein solcher Vorfall jederzeit wiederholbar. Und das weltweite Echo nach Thomas Manns Antwort auf die Aberkennung der Bonner Ehrendoktorwürde war wenig geeignet, diese Angst zu beruhigen.

Princeton.
In der Neuen Welt

Da kam die Einladung der New School of Social Research in New York im Frühjahr 1937 gerade recht. Am 7. April schiffte sich das Ehepaar Mann in Le Havre auf der unter französischer Flagge fahrenden «Normandie» ein. Es sollte eine folgenreiche Unternehmung werden, denn kurz vor der Rückreise wird Thomas Mann in New York von einer Journalistin interviewt, die sich wenig später als Agnes Meyer, Ehefrau des mächtigen und politisch einflussreichen Besitzers der «Washington Post», Eugen Meyer, zu erkennen gab. Das Ehepaar Meyer, vor allem die kluge und literarisch hochbewanderte deutschstämmige Agnes Elizabeth, geb. Ernst, eine schwärmerische Bewunderin des «größten lebenden deutschen Dichters», wird fortan eine bedeutende mäzenatische Rolle im Leben der Familie Mann spielen. Ihrer angesichts der deutschen Expansionspolitik in Europa noch einmal intensivierten Initiative verdankt Thomas Mann die Berufung als «Lecturer in the Humanities» nach Princeton für das Wintersemester 1938.

Doch ehe er dort in den letzten Novembertagen 1938 seine erste Vorlesung über Goethes «Faust» hält, absolviert er auf Bitten des amerikanischen Agenten Harold Peat zwischen Februar und Juli 1938 eine Vortragstournee, die das Ehepaar in fünfzehn Städte der USA führt. «Meine Eltern zeigten sich an allem Neuen interessiert [...]. Sie sind sehr wißbegierig und aufnahmefähig», erinnerte sich Tochter Erika, die die Reise als landeskundliche Ciceronin begleitete und dem Vater half, die jedem Vortrag folgenden *question periods* zu überstehen.

Unanstrengend war sie nicht, diese erste wirkliche Begegnung mit Land und Leuten. Doch der Reiz des Neuen überwog, und der ungewohnte Komfort amerikanischer Eisenbahnen machte die Durchquerung des Kontinents zur bequemen und gut abgesicherten Entdeckungsreise durch stetig wechselnde Landschaften und Vegetationen. Freundliche und hilfsbereite Gastgeber vertieften die gewonnenen Eindrücke und machten keinen Hehl aus ihrer Überzeugung, dass der Besuch des *most famous German writer* der Höhepunkt ihres Daseins und eine besondere Ehre für das ganze Gemeinwesen sei. Das wog viele Strapazen und auch manche Unbequemlichkeit auf.

Doch dann, am 11. März 1938, kam die Nachricht vom Einmarsch der Hitler-Truppen in Österreich. «Und plötzlich», so Erika Mann, «wurde unsere Reise, die so fröhlich begonnen hatte, schwierig.» – Glaubt man dem Bericht der Tochter, so führte erst der Schock, den diese Nachricht auslöste, Thomas Mann die Endgültigkeit seiner Princeton-Entscheidung vor Augen. Hatte er bisher die Einladung, an einer der renommiertesten amerikanischen Universitäten, Albert Einstein benachbart, Vorlesungen zu halten, im Kontext des Gewohnten, als willkommene Unterbrechung der Routine und zeitlich begrenzten Wechsel in eine neue Erfahrungen versprechende Welt aufgefasst, so musste er nun erkennen, dass das Intermezzo zum Dauerzustand werden könnte. «Nachmittags keine Ruhe», so drei Tage später der Tagebucheintrag. «Ging zu den Frauen [gemeint sind Katia und Erika] hinüber. Erörterungen. Zustand erinnert an 33, verstärkt, vergrößert, aber mit Vorzügen.»

Mit Vorzügen, in der Tat: «Amerika stellt sich [...] wunderbar zur Verfügung», heißt es fünf Wochen später, am 21. April, in einem Brief an Bruder Heinrich aus Beverly Hills. «Man kennt das nicht in Europa. Wir sind entschlossen, vorläufig nicht dorthin zurückzukehren.»

Agnes Meyer hatte inzwischen ihre Beziehungen spielen lassen: «Ich werde, wie es scheint, an einer amerikanischen Universität eine Ehren-Professur erhalten, die mir eine Lebensgrundlage sichert», konnte Thomas – nicht ohne Stolz – dem Bruder melden. Er wisse zwar noch nicht, ob er sich «für den europanahen Osten oder für das zukunftsvolle, billige und klimatisch herrliche Californien» entscheide, aber das würde sich «bis zum Herbst ordnen». Auch wegen der Kinder brauche er sich keine Sorgen zu machen: «Für sie alle gibt es hier die besten Aussichten.»

Die Zukunft also war gesichert, auch wenn die Details noch in der Schwebe waren. Sorgen indes machte dem Europaflüchtling der Gedanke, wie man seine Entscheidung in der Schweiz und, vor allem, in der Tschechoslowakei aufnehmen würde, deren Staatsbürgerschaft man schließlich nur allzu gern angenommen und mit dem Schwur auf die Verfassung besiegelt hatte: «Nicht wahr, Sie verstehen unseren Entschluß», schrieb Thomas Mann, um Verständnis werbend, am 26. Mai an den Freund Erich von Kahler. «Wir müssen sehr wünschen und hoffen, daß man in Zürich überhaupt und auch in Prag ihn versteht.» Der «Choc der

Untat an Österreich» sei eben schwer gewesen: «Die Parallele mit 1933 drängte sich auf, man hatte den Eindruck einer ‹Machtergreifung› in kontinentalem Stil und das Gefühl des Abgeschnittenseins, wie damals.» Und selbst wenn sich die Angst als «übertrieben» oder «verfrüht» erweisen sollte, könne man den «Beschluß und den Akt unserer ‹Einwanderung› nicht bereuen»; zu viel spräche dafür, «daß wir, unter möglichster Wahrung des Kontaktes mit dem alten Erdteil, unseren Wohnsitz wenigstens für eine Zeit in dieses Land verlegen».

Als Thomas Mann diesen Brief schrieb, lag der erste formelle Einwanderungsakt bereits hinter ihm. Dank intensiver diplomatischer Bemühungen von Seiten der amerikanischen Gönnerin konnte die Zeremonie während einer ohnehin zu absolvierenden Vortragsreise ohne Zeitverlust mittels eines kleinen Abstechers nach Kanada vom US-Konsulat in Toronto erledigt werden. Zuvor allerdings war die Frage des zukünftigen Wohnortes zu klären gewesen. Agnes Meyer hatte sich für Princeton entschieden, wo ihr die Voraussetzungen nicht nur für die akademische, sondern auch für die künstlerische Arbeit ihres Schützlings am günstigsten erschienen. Denn für ein Leben als reiner Wissenschaftler, wie es der andere nach Princeton emigrierte prominente Deutsche, Albert Einstein, führte, war Thomas Mann, wie sie sehr wohl wusste, nicht geboren. Er sah seine Lebensaufgabe, wie er oft betonte, weniger im Dozieren, denn vielmehr darin, mit seinen Büchern und Schriften ein wenig «höhere Heiterkeit» in die Welt zu tragen. Aber wo konnte er schreiben in einem ihm letztlich fremden Land?

«Ich brauche ein kleines Haus», soll er, wie Erika erzählt,

gesagt haben, «wo mein großer und verläßlicher Schreibtisch steht.» Und Katia habe ihm versichert, dass sie dieses Haus finden würde. Sie hat, wie wir wissen, ihr Wort gehalten. Noch vor der Rückreise nach Europa konnte das Ehepaar Mann eine «elegante und praktikable» Villa in der Princetoner Stockton Street mieten, in der auch der Schreibtisch des Hausherrn seinen angemessenen Platz finden würde. Das Tagebuch vom 27. Juni dokumentiert das Ereignis: «Bedeutender Tag [...] Das Heim gegen Küsnacht zweifellos eine Erhöhung des Lebensniveaus.» Der Zuschnitt des Hauses scheint den Bedürfnissen in geradezu idealer Weise entgegengekommen zu sein: «Geschmackvolle Empfangsräume», «schöne Schlafzimmer, von denen eines, im Zusammenhang mit einem anderen nebst Bad, auch als Einheitsquartier für mich in Betracht käme». Außerdem ein Studio, nicht groß und etwas dunkel, aber behaglich und separiert, «mit erwünschtem Sofa». Und das auch noch zu guten Konditionen. Denn was die Miete betraf, so erhofften sich die Hauseigentümer, wie sie freimütig zugaben, dass der Name des neuen Bewohners den Wert des Hauses bei einem eventuellen späteren Verkauf nicht unwesentlich in die Höhe treiben würde. Sie forderten einen höchst moderaten Preis. Und was die Mobilität anging, so war die Garage groß genug, um neben dem kurz zuvor erworbenen Chevrolet noch einen zweiten Wagen einzustellen.

Doch vorerst – wir schreiben Juli 1938 – entscheidet man sich, noch einmal nach Europa zurückzukehren. Es gilt, den Haushalt in Küsnacht aufzulösen und sich von den vielen Freunden angemessen zu verabschieden ... vielleicht sogar mit der unausgesprochenen Hoffnung, in nicht allzu ferner

Zeit zurückzukehren. Wie sonst wären die anrührend vielen Eintragungen im Tagebuch aufzufassen, die seit der Entscheidung, Europa zu verlassen, von Häuserbesichtigungen und Grundstücksinspektionen an den Ufern des Zürichsees berichten? Auch wenn sie zu keinem zufriedenstellenden Ergebnis führen, so sind sie doch ein Zeichen für den Wunsch, nicht ohne die Gewissheit scheiden zu müssen, dass es in der binnen fünf Jahren so lieb und vertraut gewordenen Umgebung ein Stückchen Land gibt, das eine Wieder-Beheimatung in Europa garantiert.

Zunächst aber wartet die Neue Welt. Nachdem Thomas Mann am 1. September 1938 morgens in Küsnacht, am vertrauten Schreibtisch, den als Antrittsvorlesung in Princeton gedachten «Faust»-Vortrag gefördert hatte, fuhr mittags der «Lift» vor, und nach Tisch begannen die Packer mit dem Heraustragen von Möbeln und Kisten. Das Tagebuch hält die Einzelheiten fest: «Ich hatte viel Kleines, auch den Grabes-Diener (in Watte verpackt) in den Schreibtisch-Schubladen verstaut u. diese nach Weisung des Packers herausgezogen. Wartete beim ‹Lift› lange auf das Erscheinen des Sekretärs, um selbst die Schubladen wieder zu verschließen. Saß auf der Steinstufe der Garten-Platform, sah Stücke hinaustragen, den Empire-Fauteuil, worin ich den Schluß des Briefes nach Bonn geschrieben.»

Es scheint, als habe sich diese Szene tief in die Seele des Betrachtenden eingegraben und sei für ihn zum Bild verlorener Heimat schlechthin geworden. Das zeigt, ziemlich genau ein Jahr später, ein anrührender, während des letzten Vorkriegsaufenthaltes in Zürich im Waldhotel Dolder notierter Tagebucheintrag über eine Fahrt in die Schiedhaldenstraße: «Wir fuhren den Wagen in die offene Garage, stiegen die verwachsenen Stufen hinauf. Die Steinplatform, wo ich saß, als die Möbel zum ‹Lift› hinuntergetragen wurden. Die Gartenterrasse vorm Eßraum, der Hecke beraubt. Einblick in die Wohnhalle mit einigen der bekannten Möbel; ins Eßzimmer. Aufblick zu meinem Arbeitszimmer, wo der dritte Band des Joseph, der Brief an den Dekan, der größte Teil von Lotte entstanden. Bewegung, erschüttertes Lebensgedenken, Trauer und Schmerz.» – In diesen letzten Zürcher Vorkriegstagen erinnert jede Unterhaltung mit alten Freunden an die Abende im Arbeitszimmer der Schiedhaldenstraße, jeder Spaziergang auf altvertrauten Wegen hat «andauernde Rührung» zur Folge.

Ein Jahr zuvor, beim Aufbruch in die fremde Welt, hatte das energische Eingreifen von Katia und Erika dafür gesorgt, dass keine Wehmut aufkam. Thomas Mann durfte ihnen die letzte «Versorgung der Schubladen» überlassen und sich zur gewohnten Nachmittagsruhe zurückziehen. – «Um die Theezeit» war das Haus wieder leidlich bewohnbar, und der *pater familias* konnte die letzten Tage in Europa nutzen, um die «Faust»-Vorlesung zu fördern: «Schreibe wieder an dem Tisch, den ich vor 5 Jahren benutzte, bevor die Möbel aus München kamen.»

Ansonsten war die Zeit ausgefüllt mit Empfängen für die vielen neuen und alten Freunde sowie mit Konzert- und Theaterbesuchen. Am 13. September dann die triumphale Abschiedsvorlesung aus dem im Entstehen begriffenen Roman «Lotte in Weimar» im Zürcher Schauspielhaus, tags darauf noch einmal Gundstücks-Besichtigungen und am 15. dann der endgültige Aufbruch. Im Diarium notiert Thomas

Mann seine «Unruhe und Ergriffenheit von dem Abschluß dieser 5-jährigen Lebensepoche» ... ein Resümee, dem wenige Tage später, an Bord der «Nieuwe Amsterdam», angesichts der Schreckensnachrichten aus der Tschechoslowakei die Vorsätze für das Leben in der Neuen Welt hinzugefügt werden: «Abwenden, abwenden! Beschränkung aufs Persönliche und Geistige. Ich brauche Heiterkeit und das Bewußtsein meiner Bevorzugung. Ohnmächtiger Haß darf nicht meine Sache sein.»

Dennoch sind die Ankunft in New York, wenige Tage später, und der kurze Aufenthalt dort überschattet von den sich bedrohlich zuspitzenden europäischen Ereignissen. Am Tag des Münchener Abkommens bringt der Wagen von Agnes Meyer das Ehepaar nach Princeton, wo sie das farbige Dienstbotenpaar Lucy und John in Empfang nimmt und ihnen bei der vorläufigen Installation hilft.

Es ist ein «niedriges, ansehnliches Backsteinhaus», Stockton Street Nr. 65, das zum neuen Heim in Amerika wird. Erika Mann hat es beschrieben: «Wunderschöne, herrlich gefärbte Herbstblumen blühten im Garten, die Bäume trugen ebenso vielfarbiges Laub – der Herbst in München hatte dasselbe Bild geboten, und auch in Südfrankreich, wo wir 1933 ‹zuhause› gewesen waren, und in Küsnacht bei Zürich, das ebenfalls für ein paar Jahre unser Heim war, war es ähnlich.» Vertraut und fremd zugleich mutete sie das neue Zuhause an. «Meine Eltern und meine Geschwister saßen um den runden Teetisch herum, Vater mit der ‹New York Times› auf den Knien, laut und etwas stockend, aber mit guter Aussprache daraus vorlesend. Ein schwarzer Diener in weißem Jackett bot Cracker an; auf dem Grammophon (es

war das Gerät aus München, unsere gute, alte Victrola [...])
lagen ein paar amerikanische Zeitschriften. Die schönen
Empire-Bücherregale, Schätze aus dem Haus unserer Groß-
eltern in Lübeck, standen schlank und ehrwürdig im Hintergrund dieses großen Zimmers, das unverkennbar vom wür-
zigen und leicht süßlichen Rauch amerikanischer Zigaretten
durchzogen wurde.»

Das Arbeitszimmer des Vaters aber sei völlig unberührt
von allem Wechsel gewesen: «Dort steht sein Schreibtisch,
‹groß und verläßlich›, denke ich bei mir. [...] ‹Es ist schon
seltsam›, sagt mein Vater, ‹hier steht er nun, und all die kleinen Dinge sind in alter Weise auf ihm angeordnet: der große
Brieföffner aus Elfenbein, die Münzen und die Photographien. Der Diener staubt sie ab, und ich habe ihn auf Eng-
lisch gebeten, nichts durcheinanderzubringen.›»

Dass sich Thomas Mann am Tage seiner von politischen
Hiobsbotschaften überschatteten Ankunft in Princeton, am
29. September 1938 also, eine solche Szene hat vorstellen
können, scheint eher unwahrscheinlich. Vermutlich überwog die Beklommenheit angesichts des Ungewissen sogar
die Erleichterung darüber, den sich zum Krieg rüstenden
heimatlichen Kontinent gerade noch rechtzeitig verlassen
zu haben. In jedem Fall aber durfte er das Gefühl haben,
willkommen zu sein. Die reiche Freundin hatte ihren Wagen
geschickt – nebst Chauffeur, der das Haus allerdings erst
nach einigem Suchen fand. Aber auch dort wurde er erwartet: Lucy und ihr John, «magerer Nigger», wie es im Tagebuch heißt, standen bereit, ihrer neuen Herrschaft zur Hand
zu gehen. Kleider, Bücher und Wäsche waren schon ausge-
packt, sodass man sich unverzüglich an die Einteilung des

Hauses machen konnte. Das Diarium vermerkt: «Vorläufige Installierung. Sehr müde und ergriffen.» Gegen Abend dann «einige Schritte» mit Katia zum Zigarettenkauf.

Das Nachtessen «in dem gegen Küsnacht sehr geräumigen und repräsentativen Eßzimmer» gefällt nicht zuletzt durch die «luxuriöse Bedienung». Es gibt, wie der Hausherr zu berichten weiß, auch noch «einen Caretaker extra für Heizung und Garten» und eine Waschfrau, was darüber hinwegtröstet, dass das Haus – jedenfalls auf den ersten Blick – nicht in bestem Zustand zu sein scheint.

Der erste Tag beginnt vielversprechend: «Nach 8 Uhr auf. Schellte nach John wegen Garderobendingen.» Dann ein Gartenspaziergang und Frühstück: «Hatten Thee und Eier im Eßzimmer. Kaminfeuer im Arbeitszimmer. Viel Gegenwart des schwarzen Dieners», der bei weiteren «Installierungen» hilft und sich auch sonst als anstellig erweist. Die Besorgung von Briefpapier mit gedruckter neuer Anschrift verstärkt das Gefühl, angekommen zu sein.

Kein Zweifel: Der erste Eindruck vom neuen Domizil hält, was man sich drei Monate zuvor versprochen hatte, obwohl der Herr des Hauses, wie sein Tagebuch verrät, die «Ungewißheit des Arbeitszimmers» (was genau das immer heißen mochte) zunächst als störend empfindet. Der «Faust»-Vortrag, als erste Vorlesung konzipiert, muss jedoch auch unter unzureichenden Bedingungen fertiggestellt werden, und in dem Wissen, dass es sich bei dem derzeitigen Schreib-Tisch um ein Provisorium handelt, geht die Arbeit allen anfänglichen Befürchtungen zum Trotz gut voran. Die ersten Besucher stellen sich ein; sie bringen Blumen und bieten Hilfe an. Viel Post geht ein und will beantwortet werden, der Verleger Knopf schickt Grammophonplatten, eine Notarin bittet um Besuch wegen des Zürcher Umzugsgutes, und eine Mrs. Conner bietet an, Sekretariatsdienste zu übernehmen und englische Konversation zu trainieren. Ein Anruf des Nachbarn Albert Einstein zeigt, dass Thomas Mann mit seiner Angst wegen der Entwicklung in Europa nicht allein steht.

So nimmt es denn nicht wunder, dass die Bilanz der ersten Wochen, manchen Ängsten und Bedenken zum Trotz, positiv ausfällt: «Heiter und kräftig gesinnt. Von den Schlägen erholt, obwohl in Europa alles auf schlimmstem Wege. [...] Rauche jetzt morgens, mit Dr. Klopstocks Zustimmung, wieder eine Cigarre ‹Optimo›.» Ein Besuch auf dem Land- und Arbeitssitz der reichen Gönnerin in Mount Kisco schafft Abwechslung und eröffnet freundliche Perspektiven, ein Zwischenstopp in New York erweist sich als dienlich für den Erwerb eines Buick-Wagens und die Aufbesserung der Garderobe.

Am 7. Oktober bereits notiert Thomas Mann die Nachricht von der «Ankunft des ‹Lifts› mit dem Zürcher Besitztum und den zurückgebliebenen Koffern». Das Tagebuch hält den Ablauf der Geschehnisse fest: «Nach einem Ausgang mit K. (Besuch der Bank, Gespräch mit dem Direktor) zunächst Umzug ins neue, größere Schlafzimmer mit Balcon-Thür. Auspacken von Wäsche und Anzügen, Einräumen. Schlepperei, die Möbel, Bilder, Bücher- und Porzellankisten. Die Diele voll verstellt und mit Holzwolle bedeckt. Erwartetes Durcheinander. John montierte die großmütterlichen Kandelaber. Medis Flügel in eines der Verandazimmer. Aufsicht eines Inspektors, der ‹Buddenbrooks› zum

Geschenk bekam. Ruhte etwas im ersten Schlafzimmer. Trank Thee im Salon mit K. und Klaus, wo die Empire-Bücherschränke aufgestellt. Mein Schreibtisch, Umstellung in der Library. Mein Münchener Lesestuhl, Medis Kopf, die Schweizer Uhr. Höchste Phantastik, die Dinge hier wieder um mich zu haben. Genaue Wiederherstellung des Schreibtisches, jedes Stück, Medaillen, ägyptischer Diener, genau an seinem Platz wie in Küsnacht u. schon in München. Ein paar Schubladen verwechselt, Verwirrung, Sperrung, dann Wiederherstellung. – Dies das Erste, was ich am eigenen Tische schreibe, angesichts des schönen Siam-Kriegers. – Nach dem Abendessen mit K[atia] und Klaus bei mir.»

«Bei mir», das heißt: im Arbeitszimmer mit dem Münchener Schreibtisch ... Das vertraute Eigene hilft, wie es in einem wenig später geschriebenen Brief an Erich von Kahler heißt, sich «mit den Thatsachen» einzurichten und noch einmal in der Fremde zu beheimaten: «Und nun [...] mein Schreibtisch in meiner hiesigen library Stück für Stück genau so dasteht wie in Küsnacht und schon im Herzogpark, so bin ich entschlossen, mein Leben und Treiben mit größter Beharrlichkeit fortzusetzen wie eh und je, unalteriert von Ereignissen, die mich schädigen, aber nicht beirren und demütigen können. [...] Unser Haus [...] ist sehr komfortabel und ein Fortschritt gegenüber allen früheren. Ich lege Wert darauf, immer die Treppe hinauf zu fallen.»

Die selbstbewussten Worte deuten darauf hin, dass Thomas Mann sich schon längst nicht mehr als Emigrant fühlt, als ein Vertriebener, der nirgendwo mehr zuhause ist. Er war – wieder einmal – angekommen in einem ihm angemessenen Milieu, in dem er sich heimatlich einrichten konnte. –

«Was ist Heimatlosigkeit», hatte er während seines ersten Amerika-Aufenthaltes im Rahmen einer großen Rückschau geschrieben. «In den Arbeiten, die ich mit mir führe, ist meine Heimat. Vertieft in sie erfahre ich alle Traulichkeit des Zuhauseseins. Sie sind Sprache, deutsche Sprache und Gedankenform, persönlich entwickeltes Überlieferungsgut meines Landes und Volkes. Wo ich bin, ist Deutschland.»

Auch das ist nicht ohne trotzigen Stolz und bestechend formuliert. Aber hätte Thomas Mann diese Sätze schreiben können ohne die Gegenwart des Altvertrauten, das ihm, wo immer es sich befand, das Gefühl vermittelte, «zuhause» und «bei sich» zu sein? «Nun mein Schreibtisch in meiner hiesigen library [..] so dasteht, wie in Küsnacht und schon im Herzogpark ...» Wer außer ihm konnte diese Prämissen so selbstverständlich als «ihm zukommend» für sich in Anspruch nehmen? Und wer außer ihm hatte nicht nur eine Ehefrau, die ihm jedes produktivitätshemmende Hindernis aus dem Weg räumte, sondern auch eine schier unermesslich reiche, hoch gebildete, wenn auch nicht immer unkritische Gönnerin, die ihrem Protegé alle einer Fortsetzung des Bisherigen entgegenstehenden Schwierigkeiten diskret aus dem Weg räumte ... oft sogar, ohne dass Thomas Mann es bemerkte?

Trotz dieser persönlich so befriedigenden Situation überschatten die politischen Ereignisse in Europa das Einleben in der Neuen Welt: «Schauerliche Nachrichten von der Auslieferung der deutschen Emigranten in Prag an Deutschland» machen Hilfsaktionen der unter glücklichen Umständen Entkommenen nötig. Telefonate, Telegramme, Bittbriefe, Anweisungen, Verhandlungen wegen Visa und Affidavits dominieren den Tag, sodass an Eigenes kaum zu denken ist.

Dazu die dauernden Bitten um Stellungnahmen, Verlautbarungen oder doch mindestens Anwesenheit nebst spontaner Äußerung bei den *meetings* der zahlreich aus dem Boden schießenden Hilfsorganisationen, der Zwang schließlich, auch *in politicis* Aufklärungs- und Überzeugungsarbeit leisten zu müssen – all das zehrt an den Kräften: «Verwirrt, zerstreut, deprimiert und angewidert von dem Verlauf in Europa, besorgt um Amerika, müde.»

Kein Zweifel, die Arbeit am altvertrauten «Sekretär», wie er sein unentbehrliches Möbel jetzt gelegentlich nennt, hat oft nur noch wenig mit der gewohnten «Lust am Fabulieren» zu tun. Der in vielen Variationen geäußerte Wunsch, mit erdachten Geschichten «ein wenig höhere Heiterkeit in die Welt zu tragen», muss hinter der Pflicht, zunächst einmal in einer sehr prosaischen, nüchtern-realen Weise zu helfen, zurücktreten. An der Ostküste ist Europa noch nah.

Dort aber sitzen die vielen Flüchtlinge zumeist mittellos und ohne Perspektive in den französischen Häfen fest. Ihre einzige Hoffnung: eine Chance in der Neuen Welt. Bereits wenige Tage nach der Ankunft in Princeton sieht sich Thomas Mann von Bittstellern überlaufen: «Besuch von [dem deutschen Dramatiker Ferdinand] Bruckner mit Damen. […] Beratung, Telephon mit Einstein, Telephon mit der [prominenten amerikanischen Journalistin Dorothy] Thompson und dem Präsidenten des Flüchtlingsschutzes. Dann Telegramme, besonders an [den amerikanischen Außenminister] Hull. Erleichtert über den Abzug der Invasion.»

Die Anforderungen jedoch bleiben; das Tagebuch gibt Rechenschaft. 21. Oktober 1938: «Zahlreiche Briefe diktiert, darunter an Hull wegen der Prager Unglücklichen.» 1. No-

vember: Mit Katia «viele Briefe, manches zur Emigran-
tenhilfe». 4. November: «Briefe von Musil und Walter, der
für Zuckerkandl spricht, von Polster, Buchhändler Finkler
[Flicker] und zehn anderen S. O. S.-Rufern ... Dazu un-
aufhörlich Einladungen u. Forderungen, die das Gehirn
bearbeiten.» 12. November: «Beständige Bitten um Hilfe-
leistungen für andere. (Marck).» 14. November: «Hilferuf
des jungen Fulda hier für seinen Vater.» 3. Dezember 1938:
«Notschreie von da und dort. (Prager deutsches Theater).»
Die Liste ließe sich beliebig verlängern.

Die Menge der politisch und menschlich unabweisbaren
Anforderungen drohen, den poetischen Elan zu ersticken.
Dennoch wäre es mit dem Selbstbild des so vielfach Privilegierten, aber auch mit seinem öffentlichen Renommee un-
vereinbar, die Bitten unbeachtet zu lassen. Die große Hilfs-
bereitschaft der Amerikaner verpflichtet auch die in den
Vereinigten Staaten bereits etablierten Deutschen. Zu keiner
Zeit ist Thomas Mann so viel soziales Engagement abver-
langt worden wie während seiner Princetoner Zeit. Der eigene Schreibtisch verpflichtet.

Der Schreibtisch als Entstehungsort unzähliger büro-kra-
tisch-administrativer Schriftstücke zur Rettung von Menschen aus dem sich fortwährend vergrößernden deutschen
Herrschaftsbereich ... auch diese Funktion gilt es festzu-
halten in unserer Geschichte eines – wie Erika Mann es
nannte – «großen, verläßlichen» Möbels.

Zur gleichen Zeit aber ist der Schreibtisch auch Kampf-
platz. Von ihm aus versucht Thomas Mann, mit Reden und
Aufrufen den immer noch in falsch verstandenen nationalen
Interessen handelnden Mächtigen die Augen für die Gefah-

ren zu öffnen, die eine nachgiebige Haltung gegenüber den nationalsozialistischen Aggressoren unweigerlich mit sich brächte. Hier entstehen die Reden, mit denen er über den Kontinent reist, um seine Hörer in immer neuen Variationen mit dem «Problem der Freiheit» zu konfrontieren oder ihnen die Notwendigkeit vor Augen zu führen, für den «Kommenden Sieg der Demokratie» zu kämpfen … «ernst und gewillt, im Namen der moralischen Welt eine große Sprache zu reden und einen Schlag gegen das Geziefer zu führen». Hier, am vertrauten Schreibtisch, entstehen wenig später auch die BBC-Radiobotschaften, in denen der exilierte deutsche Schriftsteller versucht, seinen einstigen Landsleuten die Augen über die in ihrem Namen verübten Gräueltaten zu öffnen, sie über die Konsequenzen ihrer Gleichgültigkeit zu belehren und zu kämpferischem Protest gegen die nationalsozialistische Zwangsherrschaft zu mobilisieren.

Und schließlich bleibt das unersetzliche Möbel auch das, wofür es einst gefertigt und jahrzehntelang vorrangig genutzt worden war: Ort der literarischen Produktion. An ihm sitzend führt Thomas Mann allen Irritationen zum Trotz seinen in Zürich begonnenen Goethe-Roman «Lotte in Weimar» zu Ende. Hier entsteht die grotesk-surrealistische Novelle von den «Vertauschten Köpfen», zu der ein emigrierter deutscher Indologe, Schwiegersohn des verstorbenen österreichischen Freundes Hugo von Hofmannsthal, die mythologische Vorlage lieferte. Und hier beginnt Thomas Mann nach einer ihn tief beeindruckenden Begegnung mit dem verehrten Präsidenten Franklin Delano Roosevelt, den vierten und letzten Band seiner Romantetralogie, «Joseph der Ernährer», zu konzipieren.

Eine wahrlich beeindruckende Bilanz einer oft von Selbstzweifeln, Versagensängsten und Heimweh-Attacken heimgesuchten Existenz: «Heimweh-Vergegenwärtigung meiner Küsnachter Zimmer» (20. Dezember 1938), «Heimweh nach der Schweiz, wo ich mir das Leben, vielleicht irrtümlich, besser denke.» (12. Januar 1939) Eine Leistung, die nicht dadurch geringer zu veranschlagen ist, dass man weiß, wie viele Helfer Thomas Mann zur Verfügung standen. In erster Linie natürlich Ehefrau Katia. Aber auch Tochter Erika schonte sich nicht, wenn es darum ging, schwierige oder gar hoffnungslos erscheinende Situationen zu meistern.

Daneben übernahmen der deutschen Sprache jedenfalls partiell mächtige Kollegenfrauen die Formulierung der ungezählten Anträge und aktivierten alte Beziehungen zu Colleges, Schulen oder Laboren, um den Flüchtlingen die bei der Visumserteilung hilfreichen Nachweise einer gesicherten Existenz zu verschaffen. Sie halfen auch, die deutsch geschriebenen oder diktierten Briefe Thomas Manns ins Englische zu übersetzen. Ehrenamtlich, wie sich versteht, sodass es möglich wurde, zusätzlich noch einen «Sekretär» einzustellen, der zunächst einmal Katia bei der Aufnahme und Expedition von Briefdiktaten entlasten sollte.

Doch gerade sie scheint über diese Lösung eher unglücklich gewesen zu sein. Jedenfalls berichtet das Tagebuch am 20. November 1938 – Klaus und Erika werden mit dem für die Hilfsdienste vorgesehenen sprachkundigen jungen Refugee Hans Meisel zum Mittagessen erwartet – von einem Spaziergang mit Katia, der von einer «Verstimmung wegen des Sekretärplans» überschattet gewesen sei. Thomas Manns Reaktion: «Leiden, Kummer und Krankheit». Doch scheint ihm die Angelegenheit so wichtig gewesen zu sein, dass er gegen seine Absicht doch am Mittagessen teilnahm und anschließend mit dem jungen Mann eine «Verabredung wegen seiner Dienstleistungen in der Bibliothek» traf. – Meisel blieb, bis die Familie zweieinhalb Jahre später endgültig nach Kalifornien übersiedelte.

Das geschah im März 1941. Seit anderthalb Jahren herrschte Krieg in Europa. Als er ausbrach, am 1. September 1939, befanden sich Katia und Thomas Mann in Stockholm, wo just an diesem Tag der Kongress des Internationalen PEN-Clubs beginnen sollte. Thomas Mann hatte angekündigt, eine aktualisierte Version seines Vortrags über «The Problem of Freedom» zu halten. Aber das Treffen der Dichter fand nicht mehr statt. Erika, die angesichts der sich zuspitzenden politischen Lage die Eltern auf ihrer Skandinavienreise begleitet hatte, organisierte die strapaziöse Rückreise, erst per Flugzeug, dann, ab Southampton, auf der von Europaflüchtlingen überbelegten «Washington». Thomas Mann überstand die Strapazen erstaunlich gut. Auf einem *deck chair* liegend arbeitet er am letzten Kapitel seines Goethe-Romans, den er knapp zwei Monate später beendet. «Jetzt schreibe ich an den letzten Seiten von ‹Lotte in Weimar›», heißt es in einem an Agnes Meyer gerichteten Brief vom 21. Oktober 1939. «Der Tag ist nahe, wo ich wieder einmal das Wort ‹Ende› schreiben werde.» Und er fügt hinzu: «Am nächsten Morgen werden, wie ich mich kenne, die ersten Zeilen von Joseph IV auf dem Papier stehen.»

Nun, ganz so war es nicht. Die künstlerische Tätigkeit musste immer wieder zugunsten der Existenzsicherung unterbrochen werden. In Princeton waren Vorlesungen zu halten, deren Vorbereitung Arbeit kostete, auch wenn Thomas Mann Themen wählte, bei deren Ausarbeitung er – jedenfalls zunächst – auf schon Geleistetes zurückgreifen konnte. Er begann – thematisch dem Umkreis von «Lotte in Weimar» angepasst – mit den bereits mehrfach erwähnten Überlegungen zu Goethes «Faust» ..., die sich rasch als ausreichend auch für eine zweite Veranstaltung erwiesen. In den nächsten Semestern folgten dann Betrachtungen zu Sigmund Freud und Richard Wagners «Ring des Nibelungen». Schließlich griff er auf Autobiographisches zurück. Noch einmal eine Doppelvorlesung «On myself», dann war er es endgültig leid.

Der Kontakt mit den Studenten bot kaum Anregungen, und auch die Princetoner Geselligkeit entsprach auf die Dauer weder seinem Bedürfnis nach unkonventionellem Austausch noch dem nach inspirierenden Eindrücken. Dabei hatte er sich nach Kräften bemüht, den Usancen des akademischen Gemeinwesens Rechnung zu tragen und im Februar 1939 den einst in Berlin hoch renommierten Rezitator Ludwig Hardt sowie, im Jahr darauf, die weltbekannten Musiker Rudolf Serkin und Adolf Busch für Veranstaltungen in der großen Halle seines Hauses gewonnen. Wie einst in München oder Zürich empfing er auch in Princeton Kollegen zu wohlgeplanten Diners und lud Freunde ein, wenn es galt, die Ergebnisse angestrengter Schreibtischarbeit – ein neues «Lotte»-Kapitel oder eine gerade entstandene politische Botschaft – auf ihre Publikumswirkung hin zu testen. Dennoch, nachdem die Reize des Neuen abgeklungen waren und auch die den Kontinent erschließenden Vortragsreisen wenig Interessantes mehr boten – notwendig allenfalls, um «dem Einerlei zu entkommen» –, begann der Elan zu produktiver Arbeit zu erlahmen.

Das Klima an der Ostküste – im wahren, aber auch im übertragenen Wortsinn – war dem vom Schicksal Verwöhnten auf die Dauer nicht zukömmlich. Auch wenn die gute Verbindung nach New York viele Annehmlichkeiten bot, blieb die Nähe zur dortigen deutschsprachigen literarischen Emigration und ihren bruchlos in die Neue Welt überführten Querelen eher lästig ... und Bruno Walter dirigierte schließlich auch an der Westküste: In der «Bowl» zum Beispiel, jener riesigen, muschelförmigen Konzertarena unweit von Hollywood, ohne Dach und Wände, inmitten einer grandiosen Landschaft gelegen, in der die ersten Künstler der Welt sich ein Stelldichein gaben.

Kalifornien.
Toscanische Landschaft und «Movie-Gesindel»

Schon im April 1938, während ihrer vierten Amerikareise, hatten Katia und Thomas Mann auf Vorschlag der in den Dunstkreis von Hollywood, nach Beverly Hills, emigrierten Freunde Liesl und Bruno Frank einen mehrwöchigen Urlaub am Pazifik verbracht. Die Gastgeber scheuten keine Mühe, um die Freunde mit und in der Hollywood-Society bekannt zu machen. Sie luden zu einem der landesüblichen Gartenfeste in ihr Haus und bewirteten die Gäste zu offenbar allseitiger Zufriedenheit. Jedenfalls war man lange geblieben: «The party started at three and ended at seven with everyone proclaiming it the most charming event ever to happen in Hollywood», berichtete Elizabeth Meyer, Tochter der Mann'schen Mäzenatin Agnes, ihrer Mutter. «It was a wonderful mixture of people with liberal sprinkling of belles jeunes stars at the great man's special request, and all the most amusing foreigners and Americans possible. Old [Carl] Laemmle, whom Manns have known for years and who is more than a little gaga now, looked around and as he was leaving, quite late, got Liesl aside and asked her and Manns to his place for next Sunday. She accepted as Mann likes L. for some mysterious reason (probably because he looks like old [Samuel] Fischer).»

Ob Elizabeth Meyer recht hatte mit ihrer letzten Vermutung, ist nicht überliefert. Wir wissen nur, dass Katia und Thomas Mann ein Jahr später, wieder von Princeton aus, gern einer von der «Auslese Hollywoods» ausgehenden Einladung zu einem Vortrag im vornehmen Beverly Hills Wilshire Hotel folgten. Das Tagebuch bezeugt die «Freude des Wiedersehens mit dieser heiteren und gepflegten Lichtwelt in Meeresluft» und hält den «erfreulichen Nachhall» und den «Eindruck des Außergewöhnlichen» fest, den sein Vortrag gezeitigt habe. Auch die Begegnungen mit den ersten Größen der Filmindustrie, die Atelierbesuche, Filmvorführungen und Bewirtungen in den privaten Gemächern von «Goldmeyers» und «Warner Brothers» werden sorgfältig protokolliert. Nur «Remarque und die Dietrich» erhielten schlechte Noten: «Minderwertig» befand der Gast, leider ohne nähere Begründung.

Ein Brief an Agnes Meyer vom 3. April 1939 fasst die Eindrücke zusammen: «Eine leichte Albernheit wird überwogen durch hundertfältigen Charme der Natur und des Lebens.» Er endet mit der Frage: «Ob wir nicht doch einmal hier Hütten bauen?» Die Frage war mitnichten nur rhetorisch gemeint. Wenn auch 1939 die klar definierten Princetoner Verpflichtungen und schließlich auch der Kriegsausbruch eine tatsächliche Übersiedlung unmöglich machten, wurde sie doch, wie Briefe der Zeit und das Diarium zeigen, als Idee zumindest im Familienkreis immer wieder durchgespielt. Aber erst die Aufzeichnungen vom Sommer 1940 zeigen ernsthafte Überlegungen, die Zelte im Osten abzubrechen und sich in Kalifornien, im Kreis der alten, vielfach Münchener Freunde noch einmal neu zu beheimaten – dort, wo nicht nur das meteorologisch bestimmbare, sondern auch das gesellschaftliche Klima so viel freundlicher war.

Doch die politische Entwicklung in Europa erschwerte zunächst eine Entscheidung: Deutsche Truppen hatten Holland, Belgien und Frankreich überrannt und waren in Paris einmarschiert. Die vielen dort lebenden Emigranten mussten versuchen, in Richtung Süden zu fliehen. Dort aber, in Vichy-Frankreich, herrschte ein nur noch formal unabhängiges Regime, das in Wahrheit Deutschland willfährig war und von dem man wusste, dass es Flüchtlinge auf Anforderung auslieferte. Hoffnung gab es nur für jene, denen es gelang, sich mit gültigen Papieren bis an die Mittelmeerküste durchzuschlagen und in Marseille einen Schiffsplatz Richtung Übersee – sprich: nach Nord- oder Südamerika – zu ergattern.

Auf Thomas Manns Schreibtisch in Princeton häuften sich die Hilfsgesuche. Aber im Gegensatz zum Herbst 1938 war er entschlossen, die vielen Bitten, zumal wenn sie seine Hilfsmöglichkeiten überstiegen, an kompetentere Instanzen zu delegieren, für deren Gründung er gelegentlich auch seinen Namen zur Verfügung stellte.

Eine solche Instanz war zum Beispiel das von den Quäkern und dem Präsidenten der Universität in Newark nahe New York, Frank Kingdon, initiierte American Rescue Committee. Es stattete einen jungen Mann namens Varian Fry mit 3.000 Dollar und einer Liste besonders gefährdeter prominenter Deutscher aus und schickte ihn nach Marseille. Fry entschied dann vor Ort, welche Fluchtmöglichkeit es wann und für wen gab. Er entführte in einer abenteuerlichen Aktion den hochgefährdeten, in Les Milles inhaftierten Schriftsteller Lion Feuchtwanger aus dem Lager, versteckte ihn und sicherte schließlich die Überfahrt in die USA. Er organisierte auch Helfer, die, wie Hans und Lisa Fittko, die Flüchtlinge auf abgelegenen Hirtenpfaden und notfalls ohne jeden erkennbaren Weg über die Pyrenäen nach Spanien schleusten. Golo und Heinrich Mann nebst Frau Nelly geb. Kröger entkamen – gemeinsam mit dem Ehepaar Franz Werfel / Alma Mahler – auf diese Weise ihren Schergen.

Thomas und Katia Mann waren inzwischen trotz der europäischen Schreckensnachrichten zu einem Sommeraufenthalt in Kalifornien aufgebrochen, der neben der Erholung und dem Wiedersehen mit den alten Freunden auch einer nochmaligen Erkundung der dortigen Lebens- und Arbeitsbedingungen dienen sollte. Der in sechs Ferienwochen gewonnene Eindruck festigte die noch vage Idee, Princeton in absehbarer Zeit zu verlassen und sich nach einer dauerhaften Bleibe an der Westküste umzusehen: «Hier haben wir von einem erstaunlich schön gelegenen, geräumigen Haus mit Garten und swimming pool Besitz ergriffen», hatte Thomas Mann seiner Gönnerin Agnes Meyer am 8. Juli, gleich nach der Ankunft, geschrieben. «Die umgebende Landschaft ist wahrhaft toscanisch, die Hügel von Fiesole sind nicht schöner, und ich habe nun das, was ich mir so lange gewünscht habe, nämlich jeden Tag schönes Wetter. Mit den hier wohnhaften Freunden, Bruno Walters und Franks, waren wir schon mehrfach zusammen. Auch der Wagen [...] ist glücklich angelangt, und er trägt uns hier in wenigen Minuten zur Ozean-Promenade. Ich habe am ersten Tage wieder zu schreiben begonnen, hoffe nun den indischen Scherz rasch abzutun und habe mein Joseph-Material bei mir. Wir könnten es nicht besser haben.»

«Wahrhaft toscanisch»: fast wie in Europa! Was also lag näher als der Gedanke, hier, wo alles nicht nur dem Vergnügen, sondern auch der Arbeit so förderlich war, heimisch zu werden? «Künftige Siedelungspläne» hatte man bereits im Frühjahr erwogen – vor der europäischen Katastrophe. Schon damals hatte Thomas Mann seinem Tagebuch anvertraut, wie sehr es ihn reizte, den vierten «Joseph»-Band in dem «durch Klima und lustigere Umgebung» sich auszeichnenden Hollywood oder Santa Monica in Angriff zu nehmen. «Princeton langweilt mich», hatte er geschrieben, dann aber hinzugefügt, dass ihn «die weite Übersiedlung, alles Neue überhaupt», auch wieder schrecke.

Dennoch hat er das Thema sehr ernsthaft und konsequent weitergedacht. «Im Gespräch weitere Entwicklung der Californien-Pläne», heißt es bereits am nächsten Tag. «Aufgabe dieses Hauses für Juni in festere Aussicht genommen. Provisorische Übersiedelung bei gepackter Habe, die auf Abruf nachkäme.» Trotz erneuter vor allem durch die deutsche West-Invasion ausgelöster Zweifel – «Mit K. etwas gegangen. Austausch unserer Abneigung gegen die Auflösung des Hausstandes hier unter gegenwärtigen Umständen» – steht zum 65. Geburtstag am 6. Juni 1940 der Entschluss zur Übersiedlung fest: «Beim Lunch Beschluß, das (durch L. Frank angebotene) große und schöne Haus mit Swimming Pool in Beverly Hills zu mieten. Verschwenderisch, aber erfreulich.»

Die Inspektion einen Monat später bestätigt den brieflich gewonnenen Eindruck: «Elegantes Haus in schöner Hügellandschaft. [..] Umschau, Zimmerverteilung». Zumindest Letztere wird zügig entschieden. Bereits am nächsten Tag hält das Diarium fest: «Richtete mich in meinem großen Zimmer, das zugleich Schlaf- und Arbeitsraum, zur Tätigkeit ein.»

Die Arbeit geht, der fremden Umgebung und einiger gesundheitlicher Schwierigkeiten zum Trotz, zügig voran. Bereits einen Monat später kann Thomas Mann seiner reichen Freundin berichten, dass die «indische Novelle» – die Geschichte von den «Vertauschten Köpfen» – beendet sei und er zum «Joseph» zurückgefunden habe.

Vom fehlenden Schreibtisch kein Wort! Ein Provisorium scheint diesmal zu genügen ... wie denn überhaupt auffällt, dass – im Gegensatz zur ersten Emigrationszeit – die literarische Produktion auch während der Vortragsreisen, in Eisenbahncoupés und ständig wechselnden Hotelzimmern, fast unbeirrt fortgesetzt wird. Der Leser der biographischen Dokumente sucht nach Vergleichbarem – und erinnert sich der Ferienbriefe vergangener Jahrzehnte, die von erfolgreichem und beglücktem Schreiben in den Strandkörben am Flutsaum der Ostsee oder angesichts der beeindruckenden Brandung vor Sylt oder dem holländischen Noordwijk berichten, wo man kurz vor Kriegsausbruch im Grand Hotel «Huis Ter Duin» die Ausreise der alten Pringsheims in die Schweiz abwarten musste.

«Dieser Aufenthalt war ja nur als Wartestellung gedacht», bekannte Thomas Mann im Juni 1939 der Princetoner Freundin Molly Shenstone. «Er erweist sich aber als so angenehm und erquicklich, daß man ihn gut und gern als Selbstzweck bezeichnen kann. Ein großartiges Meer und ein vorzügliches

Hotel – die Verbindung des Elementaren mit dem Komfortablen hat mir immer zugesagt. Auch ist der Seewind voll von Kindheitsaroma, und das Arbeiten im Strandkorb, beim isolierenden Rauschen der Brandung, ist eine höchst sympathische Situation.»

Auch Katia Mann berichtet, dass ihr Mann sich jeden Morgen «mit einem Arsenal von Bleistiften in seinen Strandkorb» begäbe, um dort mit Nachdruck an der «Lotte» zu arbeiten: «Und das Manuskript wächst.» Ein Brief Thomas Manns an den österreichischen Journalisten und Editor Viktor Polzer vom März 1940 erklärt, warum ihm diese Arbeitsweise durchaus genehm war: Sie verbinde das für die Arbeit unbedingt Erforderliche organisch mit der Möglichkeit, auch die sinnlichen Reize einer nicht alltäglichen Umgebung zu genießen. «Zum Schreiben muß ich ein Dach über dem Kopf haben, und da ich nirgends lieber arbeite als am Meer, so bedarf es dort des Zeltes oder Strandkorbs.»

Bereits fünfzehn Jahre früher, 1926, hatte Thomas Mann auf die Frage nach seinen Arbeitsbedingungen ähnlich geantwortet: «Offener Himmel, meine ich, zerstreut die Gedanken. Im Sommer brauche ich wenigstens die Decke einer Veranda, eines Gartenhauses über dem Kopf, ein Gehäuse, das, sozusagen, die Atmosphäre des Werkes schützt.» Die Antwort auf eine zweite Befragung aus dem gleichen Jahr präzisiert diese Begründungen und fasst sie thesenartig zusammen: «Ich kann überall arbeiten, nur muß ich ein Dach über dem Kopf haben. Der freie Himmel ist gut zum unverbindlichen Träumen und Entwerfen: die genaue Arbeit verlangt den Schutz einer Zimmerdecke.»

Ein deutlich markierter Eigenbereich also, ein nach allen

Seiten hin freundlich begrenzter Schutzraum: Wände und «ein Dach über dem Kopf», und sei es auch nur aus Reet, dazu eine harte Schreibunterlage, diverse Stifte – brauchte es wirklich nicht mehr? Ich denke doch. Wenn schon die normale «flüssige Tinte und eine leichtgleitende Feder» im Strandkorb durch speziell ausgewählte Bleistifte ersetzt werden mussten, so war die gewohnte Papierart doch unabdingbar: «Ich brauche weißes, vollkommen glattes Papier [...] und eine neue leichtgleitende Feder. Äußere Hemmungen rufen innere hervor. Damit es kein Durcheinander gibt, lege ich ein Linienblatt unter. Ich muß auf Klarheit halten, da ich nur Zeitungsaufsätze abschreiben lasse und gerade die großen Manuskripte im Original, als erste und einzige Niederschrift, in Druck gehen.»

Zudem zeigen die Briefe – vor allem die aus der ersten Emigrationszeit –, dass für eine geregelte Arbeit jenseits des eigenen Schreibtisches ein gewisses komfortables Ambiente sichergestellt sein musste, das den Schreibenden bei der Rückkehr in sein Zimmer erwartete. Und – das Wichtigste – Thomas Mann brauchte die Gewissheit, dass es hinter allen Provisorien noch einen Ort gab, an dem er wirklich «zu Hause» war. Erst wenn dieser heimatliche Ort wirklich existierte, konnte er auch in fremder Umgebung schreiben. Das Dach über dem Kopf musste in doppelter Weise gewährleistet sein: durch das den Anforderungen der jeweiligen Produktion angepasste Fremde und die Sicherheit, dass es einen vertrauten Schreibtisch gab, an den man in absehbarer Zeit zurückkehren würde.

Im Herbst 1940 stand dieser Schreibtisch noch in Princeton. Doch nach dem so anregend verlaufenen Kalifornien-

Aufenthalt war abzusehen, dass er dort nicht mehr lange stehen würde. Angesichts der für Anfang Oktober festgesetzten Rückreise gen Osten waren die Siedlungspläne im Familienrat mehrfach besprochen worden, und man hatte am Nachmittag des 2. September gemeinsam mit ein paar Freunden sogar ein zum Verkauf stehendes «hübsches Haus» besichtigt, die Angelegenheit in Anbetracht des geforderten Preises von 10.400 Dollar aber offenbar nicht weiter verfolgt, sondern stattdessen lieber den Erwerb eines Grundstücks erwogen. Bereits eine Woche später hält das Tagebuch Ortsbesichtigungen «im ‹Riviera›-Gebiet» fest, die einen günstigen Eindruck hinterlassen. Und noch einmal zwei Tage später inspiziert Katia bereits gemeinsam mit einem Architekten das ins Auge gefasste Gelände mit «sieben Palmen und einer Menge lemon trees». Dann ging alles Schlag auf Schlag: Agent und Architekt trafen sich zur Besprechung in Beverly Hills, und abends fuhr das Ehepaar gemeinsam mit Bruno und Liesl Frank zu nochmaliger Besichtigung hinaus. Offenbar stimmten auch die Freunde dem Vorhaben zu, denn noch am gleichen Abend, es war der 12. September 1940, verzeichnet das Diarium den «Abschluß des Kaufes». Der ausgehandelte Preis belief sich auf 6.500 Dollar. Der Kommentar des neuen Besitzers: «Erregend.»

Der Name des Architekten, «Laslo», fällt im Zusammenhang mit der Unterschrift unter den Kaufvertrag. Vermutlich handelt es sich um den aus Ungarn stammenden, später vorwiegend als Innenarchitekt und Designer berühmt gewordenen Paul László, einen damals jungen Mann von 40 Jahren, der 1936 nach Hollywood emigriert und den Manns vielleicht durch den befreundeten Münchener Architekten Paul Huldschinsky empfohlen worden war. «Hulle», wie er im Freundeskreis hieß, war ein alter Bekannter von Katia und Thomas Mann, dem es nach einer KZ-Haft in Dachau gelungen war, in die USA zu entkommen und, wie László, Arbeit in den Hollywooder Filmstudios zu finden. Allerdings genoss László schon wenige Jahre nach seiner Ankunft innerhalb der maßgebenden politischen und künstlerischen Kreise an der Westküste einen besonderen Ruf. Wer auf sich hielt, ließ sich sein Haus vom Entwurf bis zum letzten Detail der Inneneinrichtung von ihm erbauen.

Auch Thomas Mann fand die Zeichnungen und Pläne, die Paul László ihm vorlegte, «angenehm zu sehen» und war «im Wesentlichen recht einverstanden». Auch das Wichtigste, «das Arbeitszimmer mit Terrasse», erschien ihm «vielversprechend». Das Ganze würde auf «etwa 22.000 Dollars» zu stehen kommen, «mit einer Hypothek von 16.000» ... was offenbar zunächst als machbar erscheint, sich bei genauerem Hinsehen aber dann doch als schwierig erweist: «Erschütterung unserer Absichten durch die beständige Steigerung.» Schließlich das deprimierende Fazit: «Es scheint, daß unsere Wünsche nicht mit unserer finanziellen Bereitschaft zu vereinen sind.» Dennoch wird das Grundstück nicht verkauft. Der Entschluss, in Kalifornien «Hütten zu bauen», ist zwar aufgeschoben, aber mitnichten aufgehoben.

Doch zunächst geht es noch einmal zurück in den Osten, wo Golo und Heinrich – «leider» auch dessen «bedenkliche» Gefährtin Nelly Kröger – aus Lissabon kommend am Morgen des 13. Oktober auf der «Nea Hellas» in Hoboken eintreffen und von einer großen Freundesschar am

Pier erwartet werden. Man hat *lunch* im Bedford, wo auch Tageszimmer reserviert sind, ehe es am Nachmittag nach Princeton weitergeht. Die treuen Freunde Shenstone stehen samt Personal am Bahnhof und helfen bei der Versorgung des Gepäcks. Das «Mädchen» bleibt für weitere Dienste in der Stockton Street. «Beifall für das Haus», notiert Thomas Mann am Abend dieses ereignisreichen Tages, und fügt hinzu: «Auch von unserer Seite. Gefühl der Heimkehr.» In der Tat: Das Diarium vom nächsten Tag verzeichnet bereits die erneute, wenn auch «geringe» Arbeit am Manuskript. Die Spaziergänge mit Katia werden wieder aufgenommen, Besuche empfangen, Postberge abgearbeitet, die Spreu vom Weizen getrennt und vernichtet. Golo schreibt die nächste Radiosendung und ein paar Briefe ab. Von Heinrich ist wenig, von Nelly gar nicht die Rede. Viel und oft hingegen von Erika, die am 23. Oktober per Clipper in New York landete und zur Freude des Vaters sehr wohl aussah.

Sie berichtet den Eltern Näheres über das Schicksal ihrer zweiten Tochter Monika. Diese war gerettet worden, als die «City of Benares», das Schiff, das sie und ihren Mann nebst vielen anderen Europa-Flüchtlingen von England nach New York bringen sollte, von deutschen U-Booten torpediert wurde und sank. Der ungarische Kunsthistoriker Jenö Lanyi, den sie zwei Jahre zuvor geheiratet hatte, versank vor ihren Augen. Erika hatte die Schwester in einem Hospital in Schottland ausfindig gemacht und versucht, sie per Flugzeug in die USA zu bringen. Vergebens. Monika musste abermals ein Schiff besteigen. Sie erreichte Hoboken am 28. Oktober. Katia holte sie und brachte sie ins Princetoner Haus.

Zehn Tage später wird Roosevelt in seinem Amt als Präsident der USA bestätigt. Thomas Mann hatte der Wahl nicht ohne Bangen entgegengesehen. Er verehrte den Präsidenten, in dem er – wenn auch zunehmend ungeduldig – die einzige Garantie für einen Sieg der gesitteten Welt über den Hitler'schen Rassenwahn und seine Raubzüge zur Erweiterung deutschen Lebensraumes in Europa sah. Überdies war es Agnes Meyer gelungen, ein Rendezvous ihres Schützlings mit dem bewunderten Staatsmann für Mitte Januar 1941 zu arrangieren.

Zunächst aber steht Thomas Mann ein hartes Semester in Princeton bevor. Zusätzlich zu den akademischen Verpflichtungen häufen sich die Anforderungen der diversen, wie Pilze aus dem Boden schießenden *Emergency Committees*. Keine Sponsor-Party, kein Wohltätigkeits-Dinner, kein *Armistice Day* oder Veteranen-Treffen ohne eine Rede des *most famous German writer,* keine Petition, deren Verfasser nicht um Zustimmung und Unterschrift einkommt. Der Leser der Tagebücher gewinnt nicht selten den Eindruck, Thomas Manns Schreibtisch stünde im Büro einer zentralen Hilfsorganisation und nicht in der Arbeitsklause eines Schriftstellers. Während seines amerikanischen Exils sei Thomas Mann so etwas wie der «Kaiser aller deutschen Emigranten» gewesen, «ganz besonders Schutzherr des Stamms der Schriftsteller», schreibt Ludwig Marcuse im Rückblick auf seine Exilzeit: «Von ihm wurde alles erwartet, ihm wurde alles verdankt, er wurde für alles verantwortlich gemacht. [...] Daß in Amerika nichts ohne Thomas Mann ginge, war die Meinung aller.» Ein Eindruck, den die Lektüre der Diarien bestätigt. Wen wundert es, dass der Umworbene resigniert bekennt, dass ihn nachgerade nur die

Pflicht noch veranlasse, sich «nebenher» auch der «eigentlichen Arbeit» zuzuwenden und den «IV. Joseph» zu fördern.

Agnes Meyer sah das nicht ohne Sorge; aber auch Thomas Mann selbst war entschlossen, sich einem Dasein zu entziehen, dass dem Wichtigsten in solchem Maße abträglich war. Allein die Gewissheit, den Aufbruch aus Princeton unwiderruflich festgelegt zu haben, bot einigen Trost. Im April würde der Pianist Dr. Kurt Appelbaum, ein guter Bekannter der Familie, das Haus übernehmen und Erika in Kalifornien für eine geeignete Unterkunft sorgen. Auch die Pläne, sich dort etwas Eigenes bauen zu lassen, gewinnen neue Aktualität, zumal Architekt Davidson überarbeitete Pläne vorlegt, die «anziehend genug» sind, um dem Hausherrn «wieder Lust zu dem Bau und Siedelungsunternehmen» einzuflößen.

Nach dem Besuch beim Präsidenten in Washington, der auf dem Rückweg noch Gelegenheit geboten hatte, die Studenten in Atlanta mit den Problemen des «Magic Mountain» bekannt zu machen, beginnen in Princeton die Umzugsvorbereitungen. Zunächst löst Erika ihr Zimmer in der Stockton Street auf: Der Vater protokolliert ihren «letzten Besuch in diesem Heim».

Das Tagebuch allerdings verrät erhebliche Zweifel an der Zweckmäßigkeit der Übersiedlungspläne. In Pacific Palisades lebt jetzt auch Heinrich – «leider» mit seiner wenig standesgemäßen Frau. Zudem benötigt der Bruder ein Affidavit. Für Nelly hatte man die Bitte um diese Bürgschaft abwehren können ... aber Heinrich? Ihm nicht zu helfen, ist kaum möglich – zumal er bereits politischen Angriffen ausgesetzt zu sein scheint. «Beunruhigender Brief von Heinrich, den

[ich] auf dem Spaziergang mit K[atia] sorgenvoll besprach. Erschütterung der kalifornischen Beschlüsse, Zweifel zum mindesten, halber Wunsch, davon zurückzutreten. Andererseits ist der Aufenthalt hier überlebt. Was mich beklemmt, ist die Nachbarschaft dort, die Festlegung in so unsicherer Zeit, der Gedanke an widrige Möglichkeiten, wenn die Verhältnisse im Lande abenteuerlicher werden. Schließlich das Problem der Zähne, das hier leichter gelöst wäre.»

«Widrige Möglichkeiten» … in der Tat musste Thomas Mann davon ausgehen, dass die «linken» Vorlieben seines Bruders in den USA bekannt waren. Und wenn auch McCarthy und sein Committee on Unamerican Activities erst in der zweiten Hälfte der vierziger Jahre, besonders an der Westküste, zu einer bedrohlichen Instanz wurden, so war die Sorge des noch nicht naturalisierten prominenten Deutschen nicht unbegründet. (Immerhin stellte sich nach dem Krieg heraus, dass es tatsächlich umfangreiches Ermittlungsmaterial der amerikanischen Sicherheitsbehörden über die Familie Mann gab.)

Sohn Golo gelingt es aber offenbar, die Eltern von der Unverhältnismäßigkeit ihrer Befürchtungen zu überzeugen, und so stehen denn am Morgen des 10. März die Packer vor der Tür. Zunächst kommt die Bibliothek an die Reihe. Thomas Mann weicht zur Arbeit in sein Schlafzimmer aus, «das noch Schongebiet» ist. Doch einen Tag später beraubt man ihn auch dort seines «Züricher Stuhls»: «ein einfaches Ding, an dem ich hänge», weil jetzt die Möbel an der Reihe sind. Und während die Packer in Princeton die letzten Bilder von der Wand nehmen, meldet Erika, sie habe in Beverly Hills ein «passendes Mietshaus» gefunden, das auch ihr Platz bieten würde. «Gut und beruhigend», vermerkt der Vater. – Zwischendrein werden Abschiedsbesuche absolviert. Und: Jeden Tag, er mag so turbulent verlaufen wie es die Umstände eben mit sich bringen, wächst im Schlafzimmer das Empfangskapitel im letzten «Joseph»-Band um mindestens eine Seite.

Schließlich bleibt nur noch die Auswahl der für die Reise quer durch den Kontinent notwendigen Kleider. Keine ganz leichte Sache, denn wiederum sind für unterwegs einige Vortrags- und Besuchsstationen vorgesehen. Der Eintrag ins Tagebuch am 16. März 1941 schließt mit den Worten, die einen Tag später auch das neue, gleichfalls noch aus Zürich stammende Heft eröffnen: «Gnade, Mut und Gelingen!»

«Gnade, Mut und Gelingen»: Der Fleiß des Leistungsethikers zielt auf das entlastende Gefühl, sich Erfolg und sichtbare «Bevorzugung der eigenen Person», die «Gnade» also, durch Arbeit verdient zu haben und deshalb auch als «berechtigt» und «zukommend» genießen zu dürfen. Und in der Tat ist der Fleiß selbst während des Reisens beträchtlich. Die Ankunft in Los Angeles steht ganz im Zeichen des noch für den gleichen Abend vorgesehenen Vortrags. Nach kurzer «Thee- und Eier-Stärkung» im «luxuriösen Hotel Ambassador» geht es im Wagen von Bruder und Schwägerin ins Wilshire Theatre, wo ein «großer Empfang» im «ausverkauften Haus» und der «große Zudrang» von Journalisten, Freunden und Autogrammjägern für gute Stimmung sorgen. Im Hotel warten Katia und Architekt Davidson, mit denen man in der Bar noch eine «heiße Chokolade» trinkt, ehe es am nächsten Morgen sehr früh nach San Francisco geht, um in Berkeley ein Ehrendoktorat entgegenzunehmen.

Dank eines polizeibewachten Blaulicht-Transfers vom Flughafen erreicht man den Campus noch gerade rechtzeitig:
«Einkleidung. Prozession. Heiter farbiges Bild des Amphi-
theaters. Stage. [...] Konzert, Reden und Degree-Verleihung.
Die 7. Kapuze, diesmal of law. Großer Applaus.»

Noch ein Vortrag in Stanford, ein Besuch bei Enkel Frido,
wo es Thomas Mann, in einem «sehr eleganten» Hotel an
einem fremden Schreibtisch sitzend, offenbar mühelos gelingt, das entscheidende Kapitel – das «große Gespräch»
zwischen Joseph und dem Pharao Amenhotep im dritten
Hauptstück vom vierten «Joseph»-Band – durch die Beschreibung von «Menis» Gesicht zu fördern. Dann geht es
am 8. April 1941 endgültig nach Pacific Palisades. John aus
Princeton, der gemeinsam mit Pudel Niko den Buick nach
Kalifornien gefahren hat, wartet am Bahnhof und bringt
das Ehepaar in sein neues Domizil am Almalfi Drive. Es
ist ein weiter Weg, doch die Fahrt durch das Land beglückt:
«Blauer Himmel, starke Farben.» Das von Erika gemietete
«weiße, saubere, ländlich gelegene Haus» erweist sich als
«nicht unpraktisch», ist allerdings nur «unvollkommen mö-
bliert». «Besichtigung, Einteilung. Im Gärtchen. Frühstück
im kleineren Speisezimmer mit dem aus Princeton über-
kommenen Gebirgshonig. [...] Da noch kein Schreibtisch im
Studio, vorläufige Einrichtung im Speisezimmer.»

Die Suche nach einem geeigneten Arbeitsmöbel zwei Tage
später ist von Erfolg gekrönt: Man findet auf Anhieb einen
«recht entsprechenden» Tisch, an dem die Arbeit trotz be-
trächtlicher Zahnmolesten zügig vorangeht. Die Spaziergänge in der schon vertrauten Umgebung werden wieder
aufgenommen, alte Freunde, sogar Hausgäste, stellen sich

ein und hören abends den Lesungen im Arbeitszimmer zu, in dem inzwischen auch die wichtigsten Bücher Platz gefunden haben. Die Bestellung von Briefpapier mit der neuen Adresse bekundet, dass man – wieder einmal – «angekommen» ist.

Vorläufig jedenfalls ... denn nur wenige hundert Meter entfernt wartet das eigene Grundstück darauf, dem gewohnten Lebensstil entsprechend bebaut zu werden. «Ein eigenes Dach überm Kopf, das gehörte nun einmal zu den Grundbedingungen» Thomas Mann'scher Existenz, betonte die Tochter Erika. Bereits fünf Tage nach Bezug des Arbeitszimmers am Amalfi Drive wird dem Architekten Davidson aufgetragen, Pläne vorzulegen, deren Realisierung die Obergrenze von 20.000 Dollar keinesfalls überschreiten darf. Ein Broker stellt sich ein, um über «loan und Lebensversicherung» zu beraten. Das Ergebnis scheint unbefriedigend gewesen zu sein, denn beim Frühstück des nächsten Tages kommt das Ehepaar überein, «den Plan des Hausbaues fallen zu lassen». «Befreiung», notiert Thomas Mann in sein Diarium.

Noch am gleichen Tag berichtet er seiner reichen Mäzenatin Agnes Meyer von dem Entschluss – mag sein, nicht ohne Hintergedanken: Es sei «der ‹hanseatische› Wunsch nach einer würdigen und gewissermaßen repräsentativen Existenz in festem, persönlichen Lebensrahmen», der ihm den Gedanken an ein eigenes Haus eingegeben habe. «Das Grundstück […] ist ausnehmend schön, in zukunftsreicher Lage situiert und wird sicher rasch über den Preis steigen, den wir dafür angelegt haben.» Der Bauplan schließlich sei von dem Wunsch bestimmt worden, genug Raum «für besuchende oder zeitweise bei uns lebende Kinder bereit zu halten». Kurzum, man habe ein Haus geplant – «sehr anziehend entworfen von dem hier sehr gesuchten Architekten Davidson – das auf etwa 30.000 Dollars zu stehen gekommen wäre».

Doch nach Bilanzierung der zur Verfügung stehenden Mittel habe man beschlossen, «den Plan energisch zu reduzieren, ihn auf höchstens 20.000 Dollars herabzusetzen» und den Architekten zur Umarbeitung zu veranlassen. Aber selbst das habe sich in Anbetracht rapide steigender Preise und bereits getroffener Lieferungs-Abschlüsse als nicht sehr sinnvoll erwiesen. «Wenige Tage weiterer Entwicklung des äusseren Geschehens» hätten schließlich genügt, um ihn, Thomas Mann, und Katia an dem ganzen Plan eines Hausbaus unter «diesen eingeschränkten Absichten gründlich irre zu machen».

Zur nochmaligen Rechtfertigung des vorschnell ohne genügende finanzielle Sicherheiten gefassten Entschlusses muss dann die Politik herhalten: Man habe sich über die Dauer des Krieges zwar keine Illusionen gemacht, das Schicksal des Usurpators aber doch als besiegelt angesehen und es folglich für gut gehalten, «in einem hübschen eigenen Heim sein Ende abzuwarten». Aber heute?

Eine mehr als eine ganze Druckseite umfassende Anklage gegen die Appeasement-Politik und die Unentschlossenheit der Amerikaner wird aufgeboten, um die Entscheidung zur Aufgabe der privaten Hausbaupläne zu rechtfertigen. Es sei unmöglich, auf einem so «schwankenden und bebenden Grunde» ein Vorhaben zu verwirklichen, das auf Dauer ausgerichtet sei: «Als ob es irgend eine Dauer gäbe» angesichts derartig desolater Zustände! Deshalb habe man den Architekten – «zu seiner bitteren Enttäuschung natürlich» – gebeten, dass er von dem Plan zurücktrete und das Honorar, das man ihm selbstverständlich zahlen müsse, «für bessere Zeiten» kreditieren möge. – Trotz dieser traurigen Bilanz aber müsse er bekennen, dass es Katia und ihm «leichter» sei, «seit dieser Traum ausgeträumt» wäre.

Der Briefschreiber vergaß allerdings nicht, hinzuzufügen, dass er nun natürlich nicht recht wisse, wo er je seine Bücher wieder aufstellen könnte. Den Sommer gedenke man, noch in dem ansprechenden Haus am Amalfi Drive zu verbringen. Was man dann täte – ob man sich eine neue Bleibe in Kalifornien suche und den Princetoner Hausrat dorthin bringen lasse oder ob man in den Osten zurückkehre –, sei so «ungewiss wie das Schicksal und also von passender Ungewissheit».

«Passende Ungewissheit»? Zumindest der späte Leser dieser Klage dürfte eher Bewunderung empfinden für die Sicherheit und Eleganz, mit der es Thomas Mann gelingt, von sich als traurigem Einzelfall noch einmal zum überindividuell Schicksalhaften zurückzufinden: «Zehn Jahre hätte es gedauert, bis das Bankgeld amortisiert gewesen wäre! Aber welch ein Unsinn, in meinem Alter und in solchen Zeitläuften in Jahrzehnten zu denken!»

Die Antwort der *hohen frouwe* ließ wie vorauszusehen nicht lange auf sich warten. Bereits drei Tage später, am 21. April 1941, versicherte sie ihrem Schützling: «You have done the right thing about the house.» Es sei absolut unnötig, wegen trauriger Gefühle eine durchaus machbare und kluge Entscheidung aufzugeben: «You will be able to build your house in a year's time with a quiet mind whether we are still at war or not.» – Nun, Thomas Mann hat sein Traumhaus letzten Endes ohne die Hilfe von Agnes Meyer bauen können. Aber eine Beruhigung mag ihm dieser Brief allemal gewesen sein.

Das zeigt nicht zuletzt die zügige Umsetzung der angeblich bereits aufgegebenen Pläne. Schon ein Vierteljahr später sind auf dem Grundstück am San Remo Drive einige «Bäume gefällt» und ist «Material gehäuft». Ein «Lattenwerk» am Boden zeigt den Grundriss des künftigen Hauses an. «Ich sah die Umrisse meines Studios, wo ich aller Voraussicht nach so viele Lebensstunden verbringen und mich bemühen werde.» Nach weiteren vierzehn Tagen steht das «Studio» bereits «im Holzgerüst», und noch einmal zwei Wochen später kommt Thomas Mann gerade recht, um mitzuerleben, wie der Aufgang von seinem Arbeitszimmer zum Schlafzimmer herauf gezimmert wird. Kurz darauf ist der Rohbau fast fertig. Ein erster Rundgang «über mein Privat-Treppchen in den Oberstock durch alle Zimmer» lässt das Schönste hoffen: «Erfreut von der Geräumigkeit, den praktischen Vorkehrungen und dem außerordentlich schönen Blick nach allen Seiten.»

Parallel zum Hausbau laufen die Arbeiten zur Gestaltung des Gartens. Auch diese Aufgabe hat ein Emigrant, der aus Deutschland stammende Landschaftsgärtner Ted Loewenstein, übernommen, und schon bald ist der Bauherr überzeugt: Es wird «das schönste Anwesen, das wir je hatten». Das Ehepaar Frank nebst Liesls Mutter, Fritzi Massary, zeigt sich ebenfalls entzückt, und auch Verleger Gottfried Bermann Fischer, der in Begleitung von Frau Tutti und

Schwiegermutter Hedwig in Pacific Palisades vorspricht, findet die ganze Anlage «sehr schön und verheißungsvoll».

Als Nächstes gilt es, die Inneneinrichtung zu bedenken. Die aus München gerettete Habe muss ergänzt oder, wie der Schreibtisch, aufgearbeitet werden: Die Wanderschaften haben ihre Spuren hinterlassen. Möbel und Vorhangstoffe werden besichtigt. Agnes Meyer trifft zu einem Kurzbesuch ein und lässt sich durch das Anwesen führen. Leider berichtet das Tagebuch nichts von ihren Reaktionen.

Dafür umso mehr von der Tag für Tag mit gewohnter Gewissenhaftigkeit fortgesetzten Schreibtisch-Arbeit und den vielfachen sozialen oder gesellschaftlichen Verpflichtungen des Bauherrn: Hollywood ist nah, das Angebot, interessante Filme oft noch vor ihrer Freigabe in Privatvorführung anzusehen, für den leidenschaftlichen Kinogänger ein doppelter Genuss, da es sowohl die Neugier befriedigt als auch das Gefühl stärkt, zu den Privilegierten zu gehören. Zudem scheint der Bedarf vieler Stars und Sternchen groß, das eigene Ansehen mittels Partys zu heben, die durch die Anwesenheit neu zugezogener Berühmtheiten interessant zu werden versprechen. Und Thomas Mann zählt zu den Menschen, die zu kennen dem Prestige vieler Neulinge, aber auch mancher Alteingesessener zuträglich ist.

Daneben bleibt natürlich nach wie vor die häusliche Geselligkeit wichtig: Tee- oder Lunch-Einladungen für Fremde und Freunde, gelegentliche abendliche Vorlesungen vor spontan sich bildendem Auditorium oder ausgesuchten Dinner-Gästen. Dazu Konzertbesuche in der Bowl – besonders wenn alte Freunde wie Bruno Walter, die Buschs und Rudolf Serkin dort musizieren und ihre Logen zur Verfügung stellen … kein Zweifel, Thomas Mann fühlte sich nicht unwohl bei dem Gedanken, dass es in dieser anregenden Umgebung in naher Zukunft auch für ihn wieder ein Haus geben wird, das ausschließlich im Hinblick auf die bestmögliche Befriedigung seiner Bedürfnisse entworfen und gebaut worden ist.

Diese Gewissheit lässt sogar die Strapazen einer sechswöchigen Vortragsreise erträglich erscheinen, die vor dem Umzug noch zu bewältigen ist. Sie führt zunächst in den Süden, nach Austin, New Orleans und Birmingham/Alabama, dann durch Carolina nach Washington, wo Agnes Meyer sich inzwischen Gedanken um die materiellen Ressourcen ihres Schützlings gemacht hat und dabei ist, Thomas Mann als «Consultant of German Literature» an der Library of Congress zu installieren. Die Aussichten, den Plan zu realisieren, sind gut, und das Ehepaar Mann kann über Chicago, Indianapolis und Philadelphia beruhigt nach New York weiterreisen. Ein Abstecher nach Princeton bestätigt noch einmal das Gefühl, mit der Ansiedlung in Kalifornien recht zu tun: «Durch den Park und den Garten unseres verkauften Hauses zum Hotel zurück. Eigentümlich zeitlos-trauriger Eindruck. Eigentlich doch zufrieden.»

Die zuversichtliche Stimmung wird verstärkt durch eine Nachricht von Agnes Meyer, dass auch die Sache mit der Library auf gutem Wege sei. Die Freundin hatte – wieder einmal – ihre Beziehungen spielen lassen und der Library of Congress in Washington den Vorschlag gemacht, man möge Thomas Mann als Consultant an diese renommierte Institution berufen – mit der Auflage, einmal jährlich dort einen Vortrag zu halten. Sie, Agnes Meyer, bäte darum, diese

Stelle über die «Eugene and Agnes E. Meyer Foundation» zu honorieren, mit der das Ehepaar die Bibliothek seit Jahren unterstützte. Der amtierende Librarian Archibald McLeish stimmte dem Plan zu, der Thomas Mann bis zum Ende des Jahres 1944 pro Monat 400 Dollar einbrachte. Das Tagebuch vermerkt denn auch: «Lebenswichtig und befriedigend» – so befriedigend offenbar, dass der Tag des Wieder-Eintreffens in Pacific Palisades im Tagebuch mit «Heimkehr» überschrieben wird.

Rückblick und Vorausschau fallen ungewöhnlich positiv aus: «So ist diese verwickelte, stationenreiche, anspruchsvolle Reise abgelaufen und hinter mich gebracht. 6 Wochen, aber resultatlos war der produktionslose Zeitverbrauch nicht, namentlich durch das Washingtoner Abkommen, dessen Besiegelung übrigens noch aussteht. – Wachsendes Verlangen nach meiner Bibliothek, für die Fächer im Hause gerichtet werden.»

Aber noch muss am provisorischen Schreibtisch gearbeitet werden. Und zwar unverzüglich: Zwei BBC-Sendungen «Deutsche Hörer» stehen an, für die sich einige jener Nachrichten aus Deutschland als nützlich erweisen, die Thomas Mann unter seiner «lagernden» Post fand. Zudem kann zumindest die aus Schweden eingeforderte «Message» an Sohn Golo delegiert und ein Teil der «outlines» dem intelligenten Sekretär Conny Kellen anvertraut werden, der zudem den größten Teil der Antworten auf die sonstige Post in seiner privaten Kurzschrift aufnimmt und in eine geeignete Form bringt. – Auch Katias Hilfe ist unerlässlich, denn Bruder Heinrich muss «ein 500 Dollar-Scheck überlassen werden». Sie übernimmt die Verhandlungen und erzielt eine offenbar für alle Seiten befriedigende Lösung: «Wir zahlen 300 Dollars sogleich und fortan 100 monatlich.» Im Tagebuch allerdings, wo Thomas Mann diese Vereinbarung notiert, fügt er diesem Satz ein «Hart» an.

Während der langen Abwesenheit hat der Hausbau offenbar gute Fortschritte gemacht. Mitte Dezember 1941 stellt sich Architekt Huldschinsky zu «Möbel-Besprechungen» ein, und wenig später geht es bereits um die «Bodenbeläge», deren Preis leider die Kalkulation übersteigt. Doch das scheint der Vorfreude kaum Abbruch zu tun. Als Erika zum Weihnachtsbesuch in Pacific Palisades eintrifft, ist das Haus fast bezugsfertig und präsentiert sich «mit seinen Ausblicken im glänzenden Licht sehr vorteilhaft».

Das Weihnachtsfest allerdings muss noch im gemieteten Haus gefeiert werden, doch das «Wo» scheint bedeutungslos im Vergleich zum vertrauten Festritual, das auch in Kalifornien nicht anders abläuft als in München, Küsnacht oder Princeton. Der Tannenbaum wird, wie jedes Jahr, im Wohnzimmer errichtet, das jetzt, in der Neuen Welt, eben *living room* heißt. Ehe man dort die Kerzen entzündet (ob der *pater familias* diese Arbeit übernimmt, wird nirgends erwähnt), versammelt sich die Familie im dunklen Arbeitszimmer, das man nun *studio* oder auch *study* nennt, das aber stets das gleiche bleibt, einerlei, an welchem Ort der Schreibtisch, dieses Lebenszentrum des Zauberers noch in den Festtagen, gerade steht. Hier werden wie eh und je die vertrauten Weihnachtslieder gesungen, bevor man – endlich! – aus der Dunkelheit ins Licht der Kerzen gehen und seine Geschenke in Augenschein nehmen darf. – Die Aufzählung dessen, was ihm Katia und die Freunde zugedacht haben, nimmt bei

Thomas Mann meistens sehr viel mehr Raum in Anspruch als die Beschreibung des als bekannt vorausgesetzten Rituals. Stets sind es «erfreuliche Dinge». Jetzt, bei der «ersten Bescherung in diesem Land» – gemeint ist offensichtlich Kalifornien –, sind es eine «elektrische Schreibtisch-Uhr und hübsche Bücherstützen», die den Hausherrn besonders erfreuen. Zu ihnen fügen sich die Gaben der etwas später, zum Fest-Dinner, geladenen Gäste. Die Art des Geflügels, das gereicht wurde – Pute, Ente oder Gans –, ist für dieses erste kalifornische Jahr leider nicht überliefert. Gäste sind neben den Kindern Erika und Golo die Malerfreundin Eva Herrmann sowie Katias ältester Bruder, der in Chicago arbeitende Physiker Peter Pringsheim, mit denen gemeinsam man abends den unabdingbar zum Fest gehörenden Champagner trinkt und sich zum Tagesausklang aus den neuen Schallplatten ein kleines Konzert zusammenstellt.

Am nächsten Tag unterbricht noch einmal ein festliches Essen im Kreis von Freunden den trotz Weihnachten unverzüglich wieder aufgenommenen Alltagsrhythmus: Arbeit, Spaziergang, Siesta, Briefdiktate, Lektüre und/oder Musik; wenn Gäste da sind, gelegentlich ein *dinner*. An diesem ersten Feiertag sind es Lotte Walter, Liesl und Bruno Frank sowie deren Namensvetter Leonhard, die zu dem jedenfalls noch halb-weihnachtlichen Essen eingeladen wurden. So wichtig der Heilige Abend für Thomas Mann ist und mit wie viel Hingabe er das Kindheitsritual bis zu seinem Tod alljährlich neu zelebriert, die Feiertage erhalten allenfalls durch «Diners» ihre herausgehobene Bedeutung. Auch der Silvesterabend verläuft unspektakulär. Die Kinder und der Schwager sind noch da, auch das Ehepaar Frank stellt sich wieder ein. Wenige Minuten vor Mitternacht – die Gäste sind, wie offensichtlich meistens, wieder fort – formuliert er dann etwas sarkastisch-melancholisch seine Erwartungen für das neue Jahr, von dem er «vernünftiger Weise nicht mehr zu wünschen und zu hoffen» wagt, als die Gewissheit, «es möge unter seiner Aegide nicht so schlecht gehen, daß es eines Tages nicht besser und endlich gut gehen könnte». Für sich persönlich fügt er die Überzeugung hinzu, dass das neue Jahr, wenn er, der Schreiber, denn lebe, «den Abschluß des Joseph-Werkes in einem neuen Lebensrahmen bringen» werde.

San Remo Drive.
«Das schönste Arbeitszimmer
meines Lebens»

Am 5. Februar 1942 ist dieser neue «Lebensrahmen», das
«eigene Haus» mit dem gesonderten Lebens- und Arbeitsbereich für den *pater familias*, dann endlich bezugsfertig.
Sekretär Conny Kellen hat die gelungene Synthese aus dem
für die Arbeit so unerlässlichen Vertrauten, «Althergebrachten» und dem der neuen Umgebung geschuldeten Lebensstil
in seinen Erinnerungen beschrieben: «Die elegante, zwei-
stöckige Villa […] mit Palmen und Zitronenbäumen im Garten erinnerte an die französische Riviera. Sie lag an einer
besonders schönen Nebenstraße des Sunset Boulevard und
unterschied sich von anderen Villen durch den kleinen Sei-
tentrakt, der das private Refugium Thomas Manns bildete,
mit eigenem Eingang und gesonderter Treppe vom Arbeits-
zum Schlafzimmer im zweiten Stock. Dieser Hausteil bestand aus einem mittelgroßen quadratischen Arbeitszimmer
mit Bibliothek zu ebener Erde und freiem Blick über Avo-
cadohaine, vereinzelte Villen und ferne Abhänge, hinter denen sich der Stille Ozean auftat. […] Das Schlafzimmer lag
unmittelbar über diesem Raum, so dass [der Hausherr] von
einem Zimmer zum anderen gehen konnte, ohne mit Besuchern […] zusammenzutreffen, wenn er dazu keine Lust
hatte.» Das behaglich eingerichtete ‹Dichterverlies›, in dem
nun endlich auch der alte Münchener Schreibtisch wie-

der einen ihm angemessenen Platz finden sollte, «war mit dem Hauptteil des Hauses durch einen schmalen Korridor verbunden, der unmittelbar in das große Wohnzimmer führte».

Dem Umzug waren viele strategische Überlegungen vorausgegangen, galt es doch, die Anlieferung der beim Spediteur lagernden Möbel aus Princeton mit den Neuanschaffungen und den wenn auch geringen Beständen vom Amalfi Drive zu koordinieren. Zudem erwies sich beim Ausladen der aus Princeton eintreffenden Möbel, dass manches repariert, neu überzogen oder, wie der Schreibtisch, aufpoliert werden musste.

Beim Hausherrn überwiegt die Freude über Gelungenes den Ärger über noch Unvollkommenes. Thomas Mann akzeptiert mühelos, zur Arbeit wieder einmal in sein Schlafzimmer verwiesen zu sein: «Arbeits-Einrichtung an dem provisorischen Schreibtisch. [...] Schrieb etwas weiter. Arbeiter im Haus und im Garten.» Das Einpflanzen eines 25-jährigen Ölbaums gerät zur aufzeichnenswerten Zeremonie, das Anbringen neuer Bretter in der Bibliothek ist immerhin erwähnenswert. Es geht voran: Katia, Golo und eine hilfreiche Freundin machen sich ans «Auspacken und Aufstellen der Bücher». Am Tag danach wird ein «neues geblümtes Sofa» für das «Studio» angeliefert.

Nach Thomas Manns schwerer Lungenoperation, vier Jahre später, wird es bei vielen Arbeiten die Funktion des Schreibtischs übernehmen. Einstweilen dient es der Mittagsruhe und den Lesestunden.

Obwohl die Einrichtung des Arbeitszimmers Vorrang hat, vergehen Wochen, bis alles wieder geordnet und «angeeignet» ist. Die chinesische Schale vom Schreibtisch scheint spurlos verschwunden zu sein, und auch die «Brockate und der orientalische Teppich» sind unauffindbar. Zudem streikt die Heizung, und die Bibliothek erweist sich als zu groß: Die Anzahl der vorhandenen Bücher «füllt den Raum nicht». – Wen wundert es, dass derlei Ungemach die Stimmung gelegentlich niederdrückt? Unordnung im Arbeitsbereich war für Thomas Mann – sieht man von den Schwabinger Jugendjahren ab – stets eine psychische Belastung und der Versuch, sie zu beheben, leicht mit trüben Gedanken verbunden.

So auch jetzt beim Auswaschen der Princetoner «Federn»: «Wundere mich vor Niedergeschlagenheit, daß ich bedeutende Werke hervorbrachte.» Selbst die Lektüre alter Tagebücher, die in den Schreibtisch einzuordnen sind, stimmt elegisch. Dennoch, ein gewisses Selbstbewusstsein bleibt aller Irritation zum Trotz spürbar: «Über das Falsche, Schädliche und Kompromittierende des Tagebuch-Schreibens, das ich unter dem Choc des Exils wieder begann und fortführte, um diese Geschichte zusammen mit meinem Alltag zu notieren.»

Ja, Thomas Mann war seit seinem «Außenbleiben» 1933 davon überzeugt, dass die Rechenschaft über den Alltag seines Emigrantendaseins, das unbeirrte Gleichmaß seines Tuns, die gewissenhafte Erfüllung des täglichen Arbeitspensums so gut wie der so vielfältigen sozialen Verpflichtungen, kurz: dass der minutiöse Bericht über die freud- und leidvollen Erfahrungen, die Hoffnungen und Enttäuschungen seines Lebens als exilierter deutscher Schriftsteller prädestiniert sei, die historischen Ereignisse und Vorgänge so zu spiegeln, dass spätere Generationen diese Aufzeichnungen nicht nur als persönliche Rechenschaft, sondern als gültige Chronik der Emigration unter dem Hitler-Regime lesen könnten.

Und noch ist dieses Regime nicht am Ende seiner Schreckensherrschaft angelangt. Aber immerhin hat sich Thomas Manns dringender Wunsch erfüllt: Seit Hitlers Kriegserklärung vom 12. Dezember 1941 befinden sich die USA endlich auch offiziell im Kampf mit Deutschland. Das Abkommen zwischen den sogenannten «Achsenmächten» Japan, Italien und Deutschland machte nach der Kriegserklärung der USA an Japan den Beistand der Verbündeten unumgänglich, auch wenn diesem formalen letzten Schritt der japanische Angriff auf die im Hafen von Pearl Harbour ankernden Teile der US-Kriegsflotte bereits vorausgegangen war.

Natürlich hatte Thomas Mann – nach dem ersten Schock und der Trauer über die vielen jungen Opfer unter den «Marines» – die Entwicklung hin zum erklärten Krieg begrüßt. Die Gefahr, als *enemy alien*, das heißt, als einer der vielen noch nicht naturalisierten Angehörigen der jetzt feindlichen Staaten, eingestuft zu werden, bestand für ihn nicht. *Enemy aliens* durften ohne nähere Begründung, auch dann, wenn sie seit Jahren in den USA lebten, mit Ausgehverboten und Sperrstunden belegt, in Internierungslager eingewiesen, schlimmstenfalls sogar ausgewiesen werden. Und selbst wenn diese Bedrohung zu Beginn der Feindseligkeiten zunächst überwiegend die an der Westküste lebenden Japaner traf, so waren doch auch ehemals deutsche Staatsbürger, selbst wenn ihnen zuhause dieser Status längst aberkannt war, zunehmend gefährdet.

Thomas Mann hingegen darf sich sicher fühlen. Er besitzt

die tschechoslowakische Staatsangehörigkeit. Zudem verfügt er über Beziehungen und kann sich für den höchst unwahrscheinlichen Ernstfall auf die Hilfe von Agnes Meyer verlassen. Dennoch richtet er, gemeinsam mit einigen anderen prominenten deutsch- oder italienischstämmigen Refugees, ein Telegramm an den Präsidenten Roosevelt mit der Bitte, den Status des «feindlichen Ausländers» für die erklärten Gegner des Nationalsozialismus oder Faschismus aufzuheben.

Der Entwurf der Petition ist vermutlich die erste «Arbeit», die Thomas Mann in seinem neuen *studio* am alten Schreibtisch sitzend verfasst. Aber man gewinnt nicht den Eindruck, als habe der behördliche Ukas den Einzug ins neue Haus ernstlich überschattet. Eher zeigen Dokumente aus dieser Zeit gelegentlich eine – wenn auch verhaltene – Befriedigung darüber, dass man den Bau noch vor Kriegsausbruch habe vollenden und die Übersiedlung ins Eigene bewerkstelligen können.

Dort beginnt sich das Umzugschaos allmählich zu lichten. Die Wohnräume sind bis auf Kleinigkeiten fertig eingerichtet, und auch im Trakt des Hausherrn geht es deutlich voran. Jetzt fehlt nur noch eines: «Ist mein Schreibtisch poliert, kann ich unten einziehen», notiert Thomas Mann am 12. Februar 1942, fast auf den Tag genau neun Jahre nach der sorglosen Abreise aus München. Zwei Tage später ist es dann endlich so weit: «Schreibe zum ersten Mal im Arbeitszimmer, an meinem Münchener Schreibtisch.» Die Arbeit kann weitergehen, obwohl die Sache mit den Vorhängen immer noch nicht richtig gelöst ist und sogar die Aufarbeitung des Arbeitsmöbels selbst noch aussteht. Was zählt, ist die

Herstellung der alten Ordnung; denn sie allein verbürgt Kontinuität: «Der siamesische Krieger steht wieder vor mir zwischen den Leuchtern. Die chinesische Aschenschale, die fehlte, hat sich wiedergefunden.» Thomas Mann kann folglich mit der «Joseph»-Geschichte dort fortfahren, wo er am Vortag, am Behelfstisch seines Schlafzimmers, geendet hatte.

Um die Einrichtung zu komplettieren, schenkt Architekt «Hulle» eine «Vasen-Schreibtisch-Lampe im Eisengestell», und auch die Stehleuchten für den *living room* werden angeliefert. Die «Badenden Knaben» des Ludwig von Hofmann, Thomas Manns liebstes Bild, finden ihren Platz über dem Kamin des Wohnzimmers. In München hingen sie in Sichtweite des Schreibtisches. Überhaupt scheint sich einiges verändert und den Usancen des Landes angepasst zu haben. Das geblümte Sofa wäre vermutlich weder in Zürich noch in Princeton denkbar gewesen. Dennoch, das Fazit fällt positiv aus: «Zufrieden stilistisch mit dem Studio, das den Charakter eines wohnlichen Werkraums hat.»

Nein, es gibt keinen Zweifel: Trotz temporärer Erbitterung darüber, «daß wieder die Woche bei nackten Fenstern ohne Vorhänge vergangen» ist, und der Feststellung, dass die Schubladen des Schreibtisches klemmen, obwohl ein «Polier-Tischler» gerade alles «glänzend renoviert» hat: Es überwiegen Zuversicht und das Glück am Erreichten. Und die Freude ist wahrlich nicht unbegründet.

Nach langwierigem «Dienstbotenärger» hat ein vertrauenerweckendes Couple die Pflege von Haus und Hof übernommen, die Neukäufe fügen sich gut zu den aufgearbeiten Möbeln, und schließlich werden sogar die Handwerker fertig. Ein Blick aus dem Fenster zeigt, dass der neu eingesäte Rasen bereits zu grünen beginnt. Die Gärtner müssen nur noch den «Kiespfad am Gartenrand», die «Stein-Stege» und «Rasen-Rabatten» richten. Ehe sie das Anwesen verlassen, legen sie sogar noch ein «Gemüsebeet» an. Leider berichtet Thomas Mann weder in seinen Briefen noch im Tagebuch, was man dort erntete.

Aber der Stolz auf das, was da seiner Vollendung entgegenstrebt, ist unüberhörbar … auch in jenem ein wenig später geschriebenen Bericht an Hermann Hesse, der erstmals ganz frei ist von jenen leicht neidvollen Untertönen, die zumindest in Teilen der Korrespondenz seit 1933 unüberhörbar waren. Das Anwesen am San Remo Drive kann es mit jenem in Castagnola allemal aufnehmen: «Ich treibe [mein Geschäft] unter äußeren Umständen, für deren Gunst ich nicht dankbar genug sein kann – in dem schönsten Arbeitszimmer meines Lebens. Die Landschaft um unser Haus herum, mit Blick auf den Ozean, sollten Sie sehen; den Garten mit seinen Palmen, Öl-, Pfeffer-, Citronen- und Eukalyptus-Bäumen, den wuchernden Blumen, dem Rasen, der wenige Tage nach der Saat geschoren werden konnte. Heitere Sinneseindrücke sind nicht wenig in solchen Zeiten, und der Himmel ist hier fast das ganze Jahr heiter und sendet ein unvergleichliches, alles verschönendes Licht.»

Wen wundert es, dass in solcher Umgebung neuer Arbeitsschwung und Mut zum Weiterdenken alter Pläne sich einstellen? «Mein neues Bürgernest gedeiht sehr langsam zu bürgerlicher Ordnung», heißt es in einem Brief an Agnes Meyer vom 21. Februar 1942. «Aber mein Arbeitszimmer ist leidlich fertig, und meine Gedanken gehen dort manchmal über den nur noch aufzuarbeitenden Joseph hinaus zu einer Künstler-Novelle, die vielleicht mein gewagtestes und unheimlichstes Werk werden wird.»

«Doktor Faustus» ante portas. Allerdings wird noch ein knappes Jahr vergehen, ehe sich Thomas Mann ihm wirklich zuwendet. Zunächst einmal muss das Werk beendet werden, das seinen Erzähler mehr als zehn Jahre lang, von München über Nidden, Sanary, Zürich und Princeton bis zum Wieder-Erbauen eines eigenen Hauses am Pazifischen Ozean begleitete und der Wanderschaft im Geographischen die Kontinuität im zeitlos-poetischen Raum entgegenstellte: die «Joseph»-Tetralogie.

Ihr vierter Band wächst unbeirrt durch alle Umzugs-Molesten. Bruchlos fügen sich die ersten am renovierten Münchener Schreibtisch im neuen Arbeitszimmer geschriebenen Worte an die letzten, die am Behelfsmöbel des Amalfi-Drive-Hauses notiert wurden. Es gilt nicht nur, einen vielbändigen Roman zum Abschluss zu bringen, sondern auch einen Abschnitt der eigenen Lebensgeschichte ans Ziel zu führen: «Die wunderliche Konzeption [...] hat rein stofflich ziemlich lange und alte Wurzeln in meinem geistigen Leben», schrieb Thomas Mann bereits 1935, während der Arbeit am dritten Band, an seine Übersetzerin Louise Servicen. «Ich erinnere mich, daß ich schon als Junge für antik-orientalisches, besonders altägyptisches Leben ein ausgesprochenes Interesse hatte und einschlägige Bücher las.»

So wird denn auch bereits zehn Tage nach dem Umzug die alte Vorlesetradition wieder aufgenommen. Im Anschluss an eine Abendessens-Einladung folgen, wie einst die Gäste in München, Küsnacht oder Princeton, die Ehepaare Neu-

mann und Huldschinsky dem Hausherrn in sein *studio*: «Bei
mir Vorlesung der zweiten Hälfte von ‹Thamar›», vermerkt
das Tagebuch.

Noch einmal also der «Joseph», dessen Entstehung für
Thomas Mann so eng mit dem eigenen Lebensweg und dem
großen Einschnitt der Vertreibung aus Deutschland verbunden ist; das biblische Epos, nacherzählt und durch eigene
Erfahrungen ins Zeitübergreifende transponiert, aufgeschrieben, um in den Jahren des Schreckens und der Resi-
gnation «ein bischen höhere Heiterkeit in die Lande zu tragen», wie es in einem Brief an Bruno Walter 1936 heißt. Und
schließlich jenes Werk, das am konsequentesten den unum-
stößlichen Entschluss seines Autors bezeugt, sich durch
nichts von der Vollendung dieser Menschheits-Geschichte
abhalten zu lassen. «Schließlich habe ich eine Art von Welt-
gedicht unter den Händen», betont der Autor am 31. Dezember 1941 in einem Brief an Erich von Kahler, «wenn auch nur
ein humoristisches und bizarres.» Und dann definiert der
Schreiber dem Freund gegenüber noch einmal die Beweg-
gründe, die ihn über die Jahre hin am Schreibtisch gehalten und getrieben haben, die Arbeit an diesem Riesenepos
immer wieder aufzunehmen: «Ich habe mich nie für groß
gehalten, aber ich liebe es, mit der Größe zu spielen und auf
einem gewissen Vertraulichkeitsfuß mit ihr zu leben.»

Noch einmal also das Spiel mit der Größe, das bereits
Thema eines der ersten Romane war, die am eigenen Schreibtisch, wenn auch am «Vorgänger» des jetzigen, entstanden:
die stark autobiographisch geprägte Erzählung «Königliche
Hoheit». Auch auf die Geschichte des Prinzen Klaus Heinrich und seiner Märchenprinzessin dürfte jene Beurteilung

zutreffen, mit der Thomas Mann, ein halbes Jahr vor der Beendigung des letzten «Joseph»-Bandes, in einem Brief an Agnes Meyer den Stellenwert bezeichnet, den er dem Epos in seinem Leben zumisst: «Dabei halte ich den Joseph gar nicht für ein wirklich grosses Werk, sondern nur für ein persönliches Mittel, in gewissem Grade die Erfahrungen der Grossen zu teilen.»

«Die Erfahrungen der Grossen zu teilen», das hieß für den Schreiber aber auch immer: sich sehr konkret als einer der Ihren zu fühlen. Und so wundert es nicht, dass er die erste und vielleicht wichtigste der Reden, die er aufgrund seiner mit der Library of Congress eingegangenen Verpflichtung am 17. November 1942 in Washington zu halten hatte, mit Hilfe seiner Gönnerin sehr sorgfältig vorbereitete. Sie trug den Titel «The Theme of the Joseph Novel» und wurde denn auch – nach dem Urteil des wohl besten Kenners von Thomas Manns amerikanischen Jahren, Hans Rudolf Vaget – wunschgemäß «ein gesellschaftliches und politisches Ereignis». Agnes Meyer «ließ es sich angelegen sein, die ‹richtigen› Persönlichkeiten einzuladen [...], den Chief Justice und andere Mitglieder des obersten Gerichtshofs, mehrere Minister und Staatssekretäre, eine Reihe von Botschaftern und Botschaftsmitgliedern sowie ‹wichtige› Journalisten». Und selbstverständlich auch, wie es in ihren Anweisungen hieß: «‹große Tiere› des literarischen Lebens». Zur Einführung sprach, neben dem Library-Hausherrn Archibald MacLeish, der Vize-Präsident der Vereinigten Staaten Henry A. Wallace. Kein Zweifel: Ganz Washington saß Thomas Mann zu Füßen, ehe man sich anschließend zu einem großen Empfang im Hause der Meyers begab.

Mit diesem Glanz konnten die Lesungen im neuen Haus Mann am San Remo Drive natürlich nicht wetteifern. Aber auch die Namen derer, die im dortigen Allerheiligsten während der nächsten Monate den Schicksalen des biblischen Clans folgten, besaßen Rang und Klang – jedenfalls im Bereich der Literatur.

Einige von ihnen waren bereits acht Jahre zuvor bei den Lesungen im Garten von Sanary dabei gewesen: Bruder Heinrich, das Ehepaar Feuchtwanger, Bruno und Liesl Frank, Aldous Huxley oder Ludwig Marcuse. Auch der kalifornische Himmel scheint gelegentlich ähnlich weit und sonnenglänzend gewesen zu sein wie der über dem Fischer- und Künstlerdorf an der französischen Riviera. Und dennoch ist alles anders: Die Lesungen sind keine «Freiluft»-Veranstaltungen mehr, bei denen man im Garten einer provisorischen Unterkunft Schicksalsgenossen die Ergebnisse der täglichen Arbeit am improvisierten Schreibtisch präsentiert, es sind auch keine Demonstrationen mehr, die beweisen sollen, dass es Hitler eben nicht gelang, die ganze deutsche Literatur vergessen zu machen. Das hatte die Welt längst begriffen. Es sind gesellige Veranstaltungen, wie sie vor 1933 auch in München gang und gäbe waren. Man hatte – und zwar von einer das Herkömmliche weit überragenden Position aus – den Anschluss an frühere Zeiten gefunden.

Die sich seit dem Februar 1942 hier am San Remo Drive versammeln, haben längst wieder einen eigenen Schreibtisch, auch wenn es nicht mehr der ist, an dem sie in Europa schrieben. Fast alle verfügen auch über ein separates Arbeitszimmer in eigenen Villen, die – ähnlich dem Thomas Mann'schen Haus – von gepflegten Gärten umgeben sind.

Die «Emigranten-Kolonie», die sich im Dunstkreis von Hollywood angesiedelt hat, besteht zudem nicht mehr, wie die in Sanary, vorwiegend aus Literaten. Die vom Klima begünstigte Filmmetropole hatte Regisseure, Architekten und auch Musiker angezogen, von denen die meisten, mit denen Thomas Mann zusammentraf, in irgendeinem Studio Arbeit fanden oder von einer der großen Filmgesellschaften Aufträge erhielten. Und selbst wenn sie keine größeren Engagements erhielten, reichte das bereits erworbene internationale Ansehen und/oder der Verdienst aus, um zumindest einigermaßen sorgenfrei leben zu können. Sie hatten sich umstellen und neuen Produktionsgesetzen unterwerfen müssen, aber zumindest für die Erfolgreichen unter ihnen wie Hanns Eisler, Ernst Toch, Arnold Schönberg, Erich Wolfgang Korngold, Ernst Krenek und auch Igor Strawinsky blieb neben den Filmaufträgen noch genügend Raum für freies Schaffen.

Zudem hatten die Universitäten im Umkreis von Los Angeles emigrierte Wissenschaftler angezogen, und Max Horkheimer und Theodor W. Adorno verlegten 1941 aus Gesundheitsgründen ihr weltberühmtes ehemals Frankfurter Institut für Sozialforschung von New York an die Westküste. Seither lebte Horkheimer als Nachbar der Manns in Pacific Palisades. Adorno vermittelte Kontakte zu ortsansässigen Komponisten und wurde vor allem für den am «Faustus» arbeitenden Schriftsteller zum unentbehrlichen Ratgeber in Sachen Musik.

Zudem hatten Hollywoods große Filmgesellschaften nach der Besetzung der Niederlande, Belgiens und Frankreichs durch die deutschen Truppen emigrierten europäischen Schriftstellern ein Jahr lang die Möglichkeit geboten, gegen eine noble Bezahlung Drehbücher zu verfassen. Eine freundliche Geste der Solidarität, die den Flüchtlingen über das erste Jahr in der Fremde hinweghalf. Da aber kaum einer der deutschen Dichter wusste, was man eigentlich von ihnen erwartete, war die Zahl derer, die in den Genuss einer erhofften Weiterbeschäftigung kamen, verschwindend gering.

Auch Heinrich Mann hatte einmal zu den Auserwählten gehört. Nicht zur reinen Freude seines Bruders, wie wir wissen, der vor allem die gelegentlichen Alkohol-Exzesse seiner Schwägerin Nelly und deren gesellschaftliche Folgen fürchtete. Zeitlebens sprach er von ihr nur abschätzigdistanzierend als von der «geborenen Kröger». Aber Heinrich Mann zählte zu denen, die gehen mussten – trotz des «Blauen Engels» und der in Hollywood hoch angesehenen Marlene Dietrich. Alte Erfolge galten nicht, und Heinrich passte trotz seiner einstmals guten Beziehungen zur Berliner Film- und Kabarettszene offenbar weit weniger zu dem «Movie-Gesindel» als sein Bruder Thomas, von dem man aufgrund seines literarisch-politischen Ansehens und der durch Agnes Meyer ebenso diskret wie erfolgreich gesicherten Finanzen derlei Kärrnerarbeit niemals erwartete. – Dass Thomas Mann später selbst Interesse an einer gelegentlichen Zusammenarbeit zeigte, steht auf einem anderen Blatt.

Es gab unter den im Umkreis von Hollywood lebenden Künstlern und Wissenschaftlern jedoch auch Literaten, die dort nicht im Rahmen des Hilfsprogramms gestrandet waren, sondern sich bewusst für ein Leben in der hügeligen Landschaft um Los Angeles entschieden hatten. Am leichtesten war das für jene gewesen, die durch Übersetzungen oder Verfilmungen ihrer Romane in den USA keine Unbekannten mehr waren: Franz Werfel zum Beispiel, dessen «Lied von Bernadette» zunächst als Buch, dann als Film zu einem riesigen Erfolg wurde und ihn finanziell absicherte; oder Lion Feuchtwanger, dem die Verfilmungsrechte für einige seiner Romane – «Jud Süß» oder später die sogenannte Wartesaal-Trilogie «Erfolg», «Die Geschwister Oppermann» und «Exil» – ein sorgenfreies Leben garantierten. Auch Bruno Frank verfügte aufgrund seiner Drehbuch-Arbeiten für die Dieterle-Verfilmung des «Glöckners von Notre-Dame» und dem Welterfolg seiner Komödie «Der Sturm im Wasserglas» über gute Verbindungen zum «Show»-Geschäft. Außerdem war seine Frau Liesl die Tochter der berühmten, später mit dem nicht weniger bekannten Komiker Max Pallenberg verheirateten Diseuse Fritzi Massary.

Es war also eine Gruppe literarisch-künstlerisch erfolgreicher deutschsprachiger Emigranten, die da am San Remo Drive zusammentraf: nicht mehr spontan, vorläufig oder «auf Abruf» wie am Mittelmeer, sondern ganz formell, wie einst, vor 1933, in München, «gebeten» zu offiziellen Abendessens-«Gesellschaften», zu musikalischen Darbietungen oder Rezitationsabenden. Und wie einst in der Poschingerstraße gab es wieder intimere Einladungen für Gäste, von denen der Hausherr sich Erhellendes zu den ihn gerade bewegenden Problemen seiner Geschichten erhoffte und an deren Urteil über das jüngst zu Papier Gebrachte ihm gelegen war. Wie eh und je brauchte Thomas Mann auch in Kalifornien die Anerkennung nicht nur der Familie oder befreundeter Literaten, sondern auch die von hilfsbereiten «Fachleuten» oder potenziellen Lesern.

Im Gegensatz zu Sanary ist die Zuhörerschaft in Pacific

Palisades – meistens jedenfalls – vorher festgelegt. Spontane Lesungen gibt es kaum, und wenn, dann fast ausschließlich im Familienkreis, der manchmal um zufällig Anwesende erweitert wurde. Auch scheinen diese Vorlesungen selten, wenn überhaupt jemals, auf der Terrasse, im *living room* oder im Garten stattgefunden zu haben, sondern stets im intimen Rahmen des Arbeitszimmers, im Schatten jenes Schreibtisches, an dem die Geschichten wie eh und je, wenn auch nicht erdacht, so doch aufgeschrieben worden waren.

In der Biographie von Thomas Mann ist Sanary die große Ausnahme, eine Zeit des Übergangs, der Improvisation und des Behelfs, so, wie sie der grüne Billard-Tisch symbolisiert, an dem der «Joseph» weitergeführt wird, bis ihn sein Erfinder – dank Katias Genie und nie versiegender Energie – am eigenen Schreibtisch beenden kann – auch wenn der längst nicht mehr in München, ja, nicht einmal mehr in Europa, sondern am anderen Ende der Welt, am Pazifischen Ozean, steht.

Und wie eh und je entstehen auf der glänzend polierten Arbeitsfläche dieses in den Augen seines Besitzers zum Symbol beharrlich-tapferer Ausdauer gewordenen Möbels auch in Pacific Palisades nicht nur literarische Werke, sondern auch eine beträchtliche Anzahl politischer Stellungnahmen und Analysen, Gratulationen, Nachrufe, Aufrufe und Laudationes. Hier werden die Rundfunkansprachen «Deutsche Hörer» wieder aufgenommen, deren erste Folge Thomas Mann schrieb, als der Schreibtisch noch in Princeton stand; hier wird Tagebuch geführt, hier werden die eigenhändig geschriebenen Briefe verfasst und schließlich auch jene Reden niedergeschrieben, die journalistische, akademische oder politische Vereinigungen dem deutschen Schriftsteller zunehmend abverlangen.

Und wenn der Schreibtisch auch niemals in Gefahr gerät, zum «Kommandostand» zu werden, von dem aus Thomas Mann versucht, die Geschicke der Welt zu lenken, so ist er in dieser Zeit doch – zumindest gelegentlich – so etwas wie eine Kanzel oder ein Katheder zur öffentlichen Verkündigung von Überzeugungen und Warnungen, mit denen sich sein Besitzer die Achtung, manchmal auch die Verachtung, auf jeden Fall aber die Beachtung nicht nur der literarischen, sondern auch der politischen Welt erringt. Selbst wenn Letzteres vielfach den Bemühungen der nicht immer geliebten Freundin Agnes Meyer zu verdanken ist, so tut der Schriftsteller-Protegé doch das Seine dazu, um diesem Privileg nicht nur durch die tagtägliche Arbeit am poetischen Werk, sondern eben auch durch die Vielzahl von Abhandlungen, Adressen und Reden gerecht zu werden, mit denen er sich von seinem Schreibtisch aus in die politische und literarische Diskussion des Landes einmischt, dessen Bürger zu werden er anstrebt. Die meisten dieser Abhandlungen erschienen in der Sprache des Landes, für dessen Menschen sie gedacht waren. Niedergeschrieben aber wurden sie auf Deutsch. Obwohl Thomas Mann im Laufe der Jahre das Englische zunehmend besser beherrschte, hat er seine Texte und Vorträge fast ausschließlich in seiner Muttersprache verfasst und sie dann übersetzen lassen.

Das gilt natürlich auch für das erzählerische Werk, das nach wie vor im Zentrum des Schaffens steht. An ihm, und nur an ihm, erweisen sich Scheitern und Gelingen des Lebens schlechthin. «Gewiß, ich tilge manches, was ich gestern noch zuletzt geschrieben und heute als verfehlt erkenne», hatte Thomas Mann bereits 1936, am vorletzten Band des «Joseph» arbeitend, dem in der Schweiz lebenden deutschen Schriftsteller Alexander Moritz Frey geschrieben. «Aber im Ganzen bin ich der Mann des Scripsi und hege eine Art von Pietät gegen das täglich unter bestimmten persönlichen Umständen Geleistete, – woraus sich die wahrscheinlich sehr unkünstlerische Neigung ergibt, in einem solchen Buch» – gemeint ist «Joseph in Ägypten» – «weniger das objektive, zu möglichster Vollkommenheit zu bringende Kunstwerk zu sehen als eine Lebensspur, an der zu retouchieren mich fast wie Betrug anmuten würde.»

Unretouchiert also, eine doppelte Lebensspur verfolgend – die eigene und die der mythischen Figur –, schreibt Thomas Mann den Roman Tag für Tag ein Stückchen weiter. Am 3. Januar 1943 notiert er die letzten Sätze: «Es sind freundlich-menschliche Worte des Helden zu seinen Brüdern», die es erlauben, das Riesenwerk mit einer «heiteren Stimme» ausklingen zu lassen. Dennoch fiel der Abschied, wie das Tagebuch bezeugt, nicht leicht: «Ich war erregt und traurig. Aber so ist es getan, schlecht und recht. Ich sehe darin weit mehr ein Monument meines Lebens, als ein solches der Kunst und des Gedankens, ein Monument der *Beharrlichkeit.*»

«Ein Monument der Beharrlichkeit» … in der Tat dürfte es schwerfallen, eine Formulierung zu finden, die den Stellenwert der Josephsgestalt im Seelenhaushalt des Romanciers genauer beschreibt als diese Definition. Sechzehn Jahre lang hatte diese Menschheits-Geschichte ihren Autor begleitet, von München über Nidden nach Sanary und Zürich bis hin zum amerikanischen Kontinent, und dort noch einmal vom Europa noch nahen Osten bis in den Asien zugewandten Westen, an die Küste des Pazifik, wo man am Abend des 4. Januar 1943 das glücklich vollendete Werk feiert. Und auch dieses kleine Fest verlief so, wie es immer war, wenn es galt, den Abschluss einer langen Arbeit zu würdigen. «Nach dem Abendessen» gab es eine «Vorlesung der beiden Schlußkapitel», die – trotz des kleinen und nur familiär zusammengesetzten Auditoriums – beim Autor einen «tröstlichen Eindruck» und bei der Tochter Elisabeth eine «große Rührung» hinterließ. Und als Ausklang wurde wie überall, wo es der Anlass gebot, auch in Kalifornien «Champagner» getrunken – im Arbeitszimmer des Hausherrn, dem *study*, dessen Mittelpunkt, wie eh und je, der Münchener Schreibtisch bildete … auch wenn es nicht mehr jenes von Alfred Pringsheim geschenkte Möbel war, an dem Thomas Mann am 23. Dezember 1926 mit der Niederschrift der Jaakobs-Geschichten begonnen hatte.

Die folgenden Tage vergehen mit einigen Nachbesserungen am Manuskript, der «Kapitel-Betitelung», der «Sieben-Teilung des Bandes» und der «Benennung der Hauptstücke». Sekretär Konrad Kellen erhält den noch abzuschreibenden Rest des Textes, und dann ist auch diese Arbeit abgeschlossen.

Doch sie hat noch ein Nachspiel: Genau eine Woche nach der Niederschrift des letzten «Joseph»-Satzes beginnen die Überlegungen zu einer «1000 Dollars-Novelle», die Thomas Mann statt des ursprünglich zugesagten Vorwortes für einen englischsprachigen Sammelband über die Zehn Gebote, «The Ten Commandments», zu schreiben beabsichtigt. Diesmal ist es eine Auftragsarbeit, für die zehn international bekannte Schriftsteller es übernommen hatten, «in dramatischen Erzählungen die verbrecherische Missachtung des Sittengesetzes, jedes einzelnen der zehn Gebote» zu behandeln. Das fügt sich gut zur «Joseph»-Welt. Und so entsteht statt eines «das Buch der Zelebritäten» einleitenden Essays ein – wie Franz Werfel es nennt – «Vorspiel auf der Orgel»: die «Geschichte von der *Erlassung* der Gebote durch Moses auf dem Sinai». Keine «Einleitung» zu Erzählungen berühmter Kollegen, sondern ein Präludium, das die Motive dessen angibt, was dann folgt. Für den Autor selbst ist es so etwas wie ein Postludium, ein freies Nachspiel zur biblischen Tetralogie, das am vertrauten Schreibtisch mit Blick auf den Ozean in zwei Monaten niedergeschrieben wird.

Kaisersaschern.
Blick zurück nach Deutschland

Am 14. März 1943 endlich legt Thomas Mann «das gesamte mythologisch-orientalische Material» «verpackt beiseite» und ordnet die Bücher zu einer kleinen Separat-Bibliothek, die auf einem der noch leeren Borde des Arbeitszimmers ihren Platz findet. Doch dann ist endgültig Schluss mit den biblischen Geschichten. «Tisch und Schubfächer waren leer», heißt es in dem Bericht von der «Entstehung des Doktor Faustus», und das Tagebuch vermerkt: «Gedanken an den alten Novellenplan ‹Dr. Faust›. Umschau nach Lektüre.»

Die vor vierzig Jahren notierte Idee zündet. Bereits einen Tag später sucht Thomas Mann in alten Papieren nach «Material für ‹Dr. Faust›» ... eine Arbeit, die ihm noch einmal die erste «Zeit der Emigration, [mit] ihren Krämpfen, Schrecken, Verständigungs-, Schreibversuchen» ins Gedächtnis ruft. Die Angst vor der Heimatlosigkeit sitzt tief, und erst die Gewissheit des neuen Zuhauses gibt wieder Halt und die Lebenssicherheit, die es möglich macht, sich den alten Plänen zuzuwenden.

Am gleichen Tag noch gehen Bittbriefe «wegen des alten Faustbuchs» und – das lässt aufhorchen – «der Briefe Hugo Wolfs» an die Washington Library und den Germanisten der University of Southern California in Los Angeles. Die erbetenen Bücher, aber auch der Vermerk: «Sah mich unter

Musik-Büchern um» zeigen, dass Thomas Mann entschlossen ist, den alten Stoff ernsthaft auf seine Verwendbarkeit hin zu prüfen, und offenbar auch, was die Person seines Helden betrifft, klare Vorstellungen hat. Sein Faust wird nicht in der Welt der Naturwissenschaft, sondern in den Sphären der Kunst, speziell der Musik, zu Hause sein.

Das Tagebuch vom 17. März 1943 bestätigt diese Vermutung: «Vormittags in alten Notizbüchern. Machte den 3-Zeilen-Plan des Doktor Faust vom Jahre 1901 ausfindig.» Damals hatte den sechsundzwanzigjährigen, in allerlei erotischen Verwirrungen befangenen Jungdichter die «Figur des syphilitischen Künstlers: als Doktor Faust und dem Teufel Verschriebener» interessiert, dem die Intoxikation zum künstlerischen Durchbruch verhilft: «Das Gift wirkt als Rausch, Stimulans, Inspiration; er [Faustus] darf in entzückter Begeisterung geniale, wunderbare Werke schaffen, der Teufel führt ihm die Hand. Schließlich aber *holt ihn der Teufel*: Paralyse.»

Die Jugend-Notiz zeigt dem im Verlauf fast eines halben Jahrhunderts zu künstlerischem Ruhm, kinderreicher Familie und bürgerlichem Ansehen gelangten Schreiber, wie viel Persönliches, ja, Intimes schon damals in diesen Plan eingeflossen war: «Berührung mit der P[aul]E[hrenberg]- und Tonio Kr[öger]-Zeit. [...] Scham und Rührung beim Wiedersehn mit diesen Jugendschmerzen. Man kann die Liebe nicht stärker erleben.»

Es sind die homoerotischen Leidenschaften, derer Thomas Mann hier gedenkt und die er im «Faustus» «kunstfähig» macht, indem er diesen Emotionen grenzensprengende Kraft zuerkennt. So ist sein Held nicht, wie es die

Tradition will, ein alchimistisch experimentierender Gelehrter, sondern ein Musiker, dem es um Erweiterung der seiner Kunst gesetzten Ausdrucksmöglichkeiten geht. Was den gelehrten Doktor Faust aus Knittlingen mit dem Musiker Adrian Leverkühn aus Kaisersaschern verbindet, ist das hybride Verlangen nach Grenzüberschreitung und der Preis, der dafür zu zahlen ist: der Pakt mit dem Teufel, eine Seelenverschreibung, die für den Musiker im Liebesverbot konkret wird.

«Das relative Glück – bei *gründlichem* Leiden», heißt es, rückblickend zusammenfassend, im Tagebuch, dem Thomas Mann auch eine genaue Analyse seiner jetzigen Befindlichkeit anvertraut. Sie erklärt überzeugend die fast überstürzte Hinwendung zu der alt-neuen Fabel: «Erst jetzt realisiere ich, was es heißt, ohne das Joseph-Werk zu sein, die Aufgabe, die in dem ganzen Jahrzehnt» – gemeint ist die Emigrationszeit seit 1933 – «immer neben mir, vor mir stand. Erst da auch das ‹Gesetz›-Nachspiel abgetan, wird mir die Neuheit und Fragwürdigkeit der Lage bewußt. Es war bequem, an dem Hergebrachten weiter zu wirken. Wird noch die Kraft zu neuen Konzeptionen da sein? Ist nicht die Thematik aufgebraucht? Und sofern sie es nicht ist – wird noch Lust dazu aufgebracht werden?»

Rhetorische Fragen! Thomas Mann ist längst entschlossen, das Neue zu wagen. Katias Vorschlag, die Geschichte des alle Welt bezaubernden Hochstaplers Felix Krull fortzuführen, findet wenig Gegenliebe, obwohl ein Erfolg des Jugend-Fragments auch materiell Einiges verspräche. «Ich erachte die Idee, die aus der ‹Künstler›-Zeit stammt, für überaltert und überholt durch den ‹Joseph›.»

Eine Tagebuch-Retrospektive auf alles bisher Geleistete und Gelungene, insbesondere das der Emigration Abgerungene festigt die Überzeugung, dass es richtig und wichtig sei, gerade jetzt den Faustus-Plan wieder aufzunehmen und unter Einschluss alles in den seither vergangenen 40 Jahren Erlebten und Durchlittenen bis in die unmittelbare Gegenwart hinein zu Ende zu führen: «Revolution und Exil, die Erschütterungen und Geduldsproben zweier großer Kriege, in immer neuer Arbeit durchgehalten, – und nun reizt mich der Trotz, die Unberührbarkeit, Unbeirrbarkeit, zurückzugreifen auf das, worüber soviel Sturm und Mühe, Zeit und Leben hinweggegangen, und ein Beispiel innerlich heiterer Treue zu sich selbst, spöttisch überlegener Ausdauer zu geben mit der Durchführung des vor Alters abgebrochenen epischen Capriccio. – Vorteil, auf einer alten Grundlage weiterzubauen.»

In der Tat scheint noch etliches aus der Boheme-Zeit stammendes Material, «Notizen und tausend gesammelte Einzelheiten», erhalten zu sein. Es war in den Arbeitszimmern der verschiedenen Münchener Wohnungen in Schränken untergebracht, für die nur Thomas Mann einen Schlüssel besaß. Sohn Golo rettete 1933 die wichtigsten Stücke dieser Sammlung, in erster Linie die Tagebücher, vor dem Zugriff der Nationalsozialisten. Der Vater hatte den Sohn verpflichtet, beim Verpacken keinesfalls in den Dokumenten zu lesen. Was sich außer den Diarien in dem zunächst beschlagnahmten, dann aber, nach oberflächlicher Revision, wieder freigegebenem Koffer befand, wissen wir folglich nicht. Aus der großen Retrospektive in Thomas Manns Aufzeichnungen vom 21. März 1943 erfahren wir lediglich, dass die geretteten Dokumente in Küsnacht in die «rückwärtigen [verschließbaren] Fächer des Münchener Schreibtisches» verstaut wurden und nun «hier» – gemeint ist: im Arbeitszimmer am San Remo Drive – «den Platz des Joseph-Materials in der rechten vorderen Schublade einnehmen» sollen. Vieles sei unwiederbringlich verloren, «die Wiedervertiefung in das Vorhandene» müsse nun zeigen, ob «der sachliche Reiz stark genug ist», um Lust und Kraft zum Neuen zu gewinnen.

Der Schreibtisch war also, neben allem anderen, auch Schatzkammer und Tresor: zugänglich nur Thomas Mann selbst, der denn auch bei jedem Umzug die Schlüssel für die Schubladen persönlich in Empfang nimmt und mit sich führt, bis das Möbel an seinem neuen Standort wieder geöffnet, seine Kostbarkeiten in der hergebrachten Ordnung aufgestellt und die jeweils benötigten Dokumente griffbereit verwahrt werden können. Dass dieser zweiseitig mit «Lagerraum» ausgestattete Arbeitstisch an den verschiedenen Stationen seiner Wanderschaft auch die Tagebücher und vermutlich noch andere intime Zeugnisse aufnahm, wird erst durch die Rechenschaft über den «Faustus»-Plan erkennbar.

Für mich erklärt dieser Tatbestand aber auch das Autodafé, das Thomas Mann am 20. Juni 1944 und dann noch einmal, kurz nach Kriegsende, am 21. Mai 1945 im Garten seines kalifornischen Hauses veranstaltete. Ihm fielen außer den Zeugnissen, von denen wir nichts wissen, alle vor 1933 geführten Diarien zum Opfer. Es ist, als ob sich der Schreiber in jenem Augenblick von einer obsolet gewordenen Vergangenheit trennt, in dem er wieder über ein eigenes, nur ihm gehörendes, Sicherheit und Beständigkeit verbürgendes

Zuhause verfügt. Die Dokumente «abgelebten (deutschen) Lebens», vielleicht auch der politischen Irrtümer passen nicht in den neuen (weltbürgerlich-amerikanischen) Rahmen und sind nur noch interessant, soweit sie als Gedächtnisstütze für das geplante Werk nützlich sein können.

Das war der Fall bei den Eintragungen aus der Zeit von 1918 bis 1921, die Thomas Mann für die Beschreibung des Münchener Milieus nützlich waren, in dem Adrian Leverkühn einige Jahre leben sollte. Von Kalifornien aus gesehen war Europa weit weg; allein der Schreibtisch bürgte für das der Arbeit notwendige Maß an Kontinuität. Bei der Erfindung und Darstellung der Personnage des Faust-Romans war Thomas Mann zwar auch auf einschlägige Lektüre, vor allem aber auf die eigene Erinnerung verwiesen. Und für die stand das vertraute Arbeitsmöbel mit all seinen althergebrachten Gegenständen und seinen geheimen, notfalls verschließbaren Schubladen und Fächern für Dokumente, deren alleiniger Zweck es ist, jene Macht der Erinnerung zu bezeugen, die für Thomas Mann das Movens ist, sich an die Arbeit zu machen: «Der Gedanke der Wiederaufnahme» des Faustus-Stoffes wird «hauptsächlich durch die Idee erstaunlich geduldiger Kontinuität, der Lebenseinheit, des großen Bogens, gestützt».

«Lebenseinheit» ... «großer Bogen»: In seinem Rückblick auf die Entstehung des Romans hat Thomas Mann der «langen Wurzeln» jener, was das Alter betrifft, «kaum definierbaren Idee» eines Faust-Romans gedacht, deren Verwirklichung er stets als Endwerk aufgefasst habe. «Was da, vielleicht, eines späten Tages zu machen sein würde, nannte ich im Stillen ‹meinen Parsifal›. So sonderbar es scheinen mag, daß einer ein Alterswerk in jungen Jahren sich programmäßig vorsetzt – es war der Sachverhalt.» – Doch das sind rückblickende Deutungen und Erklärungen. Konkret sind die Wochen, die dem Entschluss, das Werk zu wagen, folgen, bestimmt von dem «Sicheingraben in den neuen Arbeitsgrund, dem Erinnern und Herbeibringen von Material, Zubehör, um dem vorschwebenden Schatten einen Körper zu schaffen».

Die Lektüre umfasst neben den autobiographischen Dokumenten Abhandlungen über das deutsche Städtewesen aus der Luther-Zeit so gut wie Arbeiten zu theologischen Problemen, den Gesetzen musikalischer Ausdrucksformen oder den Verlauf einer Syphilis-Erkrankung. Kunsthistorische Werke werden studiert und Bildnisse aus der Dürer-Zeit konsultiert. Zudem knüpft Thomas Mann Beziehungen zu den im Umkreis von Hollywood lebenden emigrierten deutschen Musikern. Adrian Leverkühn, das steht inzwischen fest, ist Komponist.

Vor allem aber gilt es, sich «Anschauungsstützen» zu beschaffen. Doch gerade die sind in Kalifornien nicht zu finden, sondern müssen «aus der Vergangenheit, aus Erinnerung, Bildern, Intuitionen» geschöpft werden, nicht zuletzt also aus jenen Dokumenten, die, im Schreibtisch verschlossen, den Emigranten auf seiner Odyssee begleitet haben. Mit Blick auf Palmen, Oliven- und Zitronenbäume ist eine Geschichte zu schreiben, die – im Gegensatz zum «Joseph» – nicht ins Zeitlos-Mythische zu überführen, sondern an einem geographisch-historisch genau bestimmbaren Ort mitten in Deutschland angesiedelt ist. Zwar ist der Name von Adrian Leverkühns Geburts- und Jugendort, Kaisersaschern, so frei erfunden wie der des Helden, aber der Ort selbst ist kein fiktives, sondern ein geographisch, demographisch und zeitlich genau bestimmbares Gemeinwesen, das Leben und Werk des jungen Musikers entscheidend prägt.

Auch der Chronist, Serenus Zeitblom, aus dessen Aufzeichnungen der Leser Adrians Geschichte erfährt, lebt nicht im Irgendwo, sondern als pensionierter Lehrer der alten Sprachen im Dom-Gymnasium zu Freising bei München, wo er, an seinem alten Schreibtisch sitzend, zwischen dem Geläut der Glocken von Maria und St. Korbinian und dem Geheul der Luftschutz-Sirenen, die das Nahen anglo-amerikanischer Bombengeschwader annoncieren, die Lebens- und Sterbegeschichte seines Freundes Adrian Leverkühn aufzeichnet und auf diese Weise mit dem von Krieg und Untergangsstimmung geprägten Leben im Deutschland der Gegenwart verbindet. – Nicht nur der Musiker aus Kaisersaschern, sondern auch Deutschland hat einen Pakt mit dem Teufel geschlossen, und die Zeit ist gekommen, da beide dafür zu zahlen haben.

Am 23. Mai 1943, einem Sonntag, zwei Monate nachdem sich Thomas Mann für die erneute Beschäftigung mit dem «alten 3-Zeilen-Plan» entschieden hatte, meldet das Tagebuch: «Begann vormittags ‹Dr. Faust› zu schreiben». – Der Anfang ist schwer, doch dann geht es zügig voran. Fünf Wochen später, am 28. Juni, vermerkt das Diarium ein Abendessen mit Bruno und Liesl Frank, an das sich «im Arbeitszimmer» die «erste Vorlesung aus ‹Doktor Faust›; die ersten drei Kapitel» anschließt: «War tief bewegt, und die anderen zeigten sich zugänglich dem Aufregenden, das von allem ausgeht.»

Es sind anstrengende Monate, die folgen. Die täglichen Aufzeichnungen geben Rechenschaft von dem Bemühen, sich systematisch neues Wissen, vorwiegend auf dem Gebiet der Harmonielehre und der modernen Musik, anzueignen. Sohn Michael, zu der Zeit Bratschist im San Francisco Philharmonic Orchestra, bringt Freunde ins Haus, die neue Kompositionen, aber auch Beethovens Violin-Sonate op. 111 und das Quartett op. 132 spielen. Die Kontakte zu den am Orte lebenden Musikern werden enger. Adorno erklärt die Schönberg'sche 12-Ton-Technik und Physiker-Schwager Peter Pringsheim das Geheimnis der osmotischen Gewächse. Vermutlich hat Thomas Mann nie zuvor derart intensiv exzerpierend an seinem Schreibtisch gesessen.

In erster Linie aber gilt es, die eigene Erinnerung zu aktivieren, vergessene Gesichter neu zu entdecken, Einfälle und Ideen konkreten Personen zuzuschreiben und vor Jahrzehnten Erlebtes und Gedachtes dialogisch werden zu lassen. Der Schreibtisch dient als Vehikel von Erinnerung und biographischer Vergangenheitssuche mit dem Ziel, die alte Fabel als eine Geschichte zu erzählen, die sich im Hier und Jetzt der Gegenwart ereignet. Während es zur Rekonstruktion der Welt des Chronisten Serenus Zeitblom genügt, die Berichte aus dem kriegsgeschüttelten Deutschland zu lesen, müssen die Plätze, an denen Adrian Leverkühn lebt, sein Umgang und das Ambiente, in dem er arbeitet, mit Hilfe von Bildern und zuverlässigen Interpretationen anschaulich gemacht werden. Gleichzeitig aber gilt es, den historischen Schauplatz so zu präsentieren, dass er auch als Hintergrund für die gegenwärtige Handlung glaubhaft erscheint.

Thomas Mann greift auf Bilder des 16. Jahrhunderts zurück, die er mit Gegenständen seiner eigenen Zeit – des ihn täglich umgebenden Arbeits-Ambientes – zusammenfügt. Wir kennen die Dürer entnommenen Details. Und wer aufmerksam liest, findet in der Beschreibung der Abtszimmer-Ausstattung durchaus Vertrautes aus dem Mobiliar des kalifornischen Studios und der diesem vorangehenden Arbeitsräume. Auch gibt es diskrete Hinweise auf Einzelheiten der Biographie, ja, sogar auf Wohnräume und einstige Arbeitplätze des Autors.

So hängt an der Wand des Zimmers, das der Student Leverkühn in der Münchener Rambergstraße bezieht, ein Bild des Komponisten Giacomo Meyerbeer: «eingebungsvoll in die Tasten greifend», wie Thomas Mann den dargestellten Schöpfungsrausch beschreibt … eine «Apotheose», die dem jungen Mieter, zum Erstaunen der Wirtin, «nicht einmal so übel gefiel», und die ihn überdies auch nicht sonderlich störte, denn «wenn er im Korbstuhl an seinem Arbeitstisch, einem einfachen, grün gedeckten Ausziehtisch», saß, «wendete er ihr den Rücken zu».

Korbstuhl und grün gedeckter Arbeitstisch wecken Assoziationen, auch wenn die Sitzmöbel in Adrians Studentenbude vermutlich nicht so knallrot angestrichen waren wie die Möbel im «dürftigen Stübchen» der Schwabinger Marktstraße, die Viktor Mann in seinen Erinnerungen beschreibt. Und das Bild des italienischen Komponisten erinnert zumindest von fern an das «mit Blumen und Zweigen geschmückte Tolstoi-Portrait» und den «schweren Leuchter», in deren Aura einst die «Buddenbrooks» entstanden.

Doch Adrians einfacher, grün gedeckter Arbeitstisch hat sein Vorbild nicht nur in den Erinnerungen seines Autors an das Ambiente seiner frühen Münchener Zeit, sondern auch an die ersten Monate der Emigration in Sanary und die späteren Provisorien wie das Tischchen auf der Terrasse im Riverside-Landhaus des niederländischen Schriftstellers Hendrik van Loon. Das Möbel scheint zu einer Art Chiffre geworden zu sein, die für eine zwar gefährdete, aber doch im Augenblick befriedigende Arbeitsfähigkeit steht.

Es ist in der Tat faszinierend, der im kalifornischen «Studio» geleisteten Erinnerungsarbeit nachzugehen. Die Philologen haben es gründlich getan, und die Ergebnisse ihrer Forschungen füllen Bände. Mich haben stets die Untersuchungen der Welt von Pfeiffering in ihren Bann gezogen: das mittelalterliche und doch sehr jetztzeitliche Ambiente, in dem Adrian Leverkühn seine letzten Jahre verbringt … ein Kaisersaschern *en miniature,* reduziert auf das Miteinander in einem sehr kleinen Raum, bevölkert von Menschen, die im Aussehen und in der Kleidung denen ähneln, die Albrecht Dürer und seine Zeitgenossen gemalt haben, und die dennoch höchst gegenwärtige Personen sind.

Thomas Mann kannte den durch kirchlich-gelehrte Tradition ebenso wie durch bodenständige Landwirtschaft und, in der neueren Zeit, durch die Ansiedlung einer Malerkolonie geprägten Ort, der in der Wirklichkeit Polling heißt, recht genau. Seine Mutter hatte ihre letzten Jahre dort verbracht, seine Schwester Carla sich in der mütterlichen Wohnung mit Zyankali umgebracht. Und er kannte auch die Menschen dort, die durch bodenständige Tradition geprägt, aber gleichzeitig den heutigen Anforderungen durchaus gewachsen waren und eben deswegen nicht nur zeitgemäß praktisch, sondern auch zeitlos human agierten:

Else Schweigestill, die in Wirklichkeit Katharina Schweig-
hard geheißen hatte, ihren Mann, «Papa Schweigestill» alias
Max, und Tochter Clementine, die – ohne direktes «Vorbild», aber ebenfalls sehr «real» – im «Savonarola-Sessel»
vor dem Schreibtisch «in der Abtsstube» sitzt und dem «im
Bernheimer-Stuhl ruhenden», syphiliskranken Adrian vor-
liest.

Denn natürlich stammt einiges von dem, was Adrian nach
Pfeiffering mitbringt, aus Thomas Manns Münchener Arbeitszimmer und gehört zu den Dingen, die er über die Emi-
grationsjahre hinweg an den San Remo Drive retten konnte:
Der «Bernheimer-Stuhl» zum Beispiel ist jener sehr tiefe,
«mit grauem Sammet bezogene, bei Bernheimer in München erworbene Lese- und Ruhestuhl», der seinen Besitzer
bis nach Kalifornien begleitete: «Ein löbliches Stück, das im
Verein mit dem heranzuschiebenden Fußteil, einem Kissen-
Taburett, eher den Namen der ‹Chaise-longue› verdiente, als
der übliche Divan, und seinem Besitzer fast zwei Jahrzehnte
lang gute Dienste leistete.» Und nicht nur dem fiktiven, sondern auch dem realen Besitzer. Sie sind ein Teil jener Ge-
dächtnisstützen, ohne die der «Faustus»-Roman nicht hätte
geschrieben werden können.

So wie die literarische Verwendung der alten Möbel ist
auch die neue Ordnung in den Fächern des Schreibtisches
durch die Notwendigkeit bestimmt, Erinnerungsarbeit zu
leisten. Die Aufzeichnungen zum Faust-Thema sind in der
oberen rechten Schublade greifbar, die Tagebücher ab 1933
und die der Münchener Jahre zwischen 1918 und 1921 haben im rückwärtigen Teil Platz gefunden. Sie entgingen dem
Autodafé, weil Thomas Mann sie zur Rekonstruktion von

Adrians Münchner Jahren benötigte. – Was sich aus der italienischen Zeit erhalten hat, wissen wir nicht.

Dass es im kalifornischen Arbeitszimmer kein Klavier mehr gab, wie einst in der Münchener Junggesellenwohnung, war selbstverständlich. Seit der Hochzeit mit Katia im Jahre 1905 stand der Flügel im Wohnzimmer, das manchmal Salon hieß und wo später dann auch die Kinder musizieren durften. Dennoch mag es Thomas Mann während der Arbeit am Faustus gelegentlich bedauert haben. Nicht dass er Sehnsucht gehabt hätte, sich Schönberg-, Toch- oder auch Eisler-Kompositionen vorzuspielen – das überließ er bei seinen gelegentlichen Besuchen in den Musikerhäusern den Meistern selbst –, aber er hatte manchmal den Wunsch, sich durch die Improvisation von Tristan-Akkorden in eine nostalgische, der Erinnerung zuträgliche Stimmung zu versetzen.

Mit Erfolg offenbar. Adrian Leverkühns Geschichte gedeiht – trotz der recht zahlreichen Vortragsverpflichtungen, denen Thomas Mann, zunächst jedenfalls, mit gewohnter Gewissenhaftigkeit nachkam. Der «Doktor Faustus» ist kein unpolitisches Buch. Serenus Zeitblom spricht aus, was sich der Autor für sein Vaterland erhofft. Der deutsche Exilant aber, der seit dem 23. Juni 1944 amerikanischer Staatsbürger ist, wird immer wieder gedrängt, in Reden und Artikeln Stellung zum gegenwärtigen Geschehen zu nehmen. Er tut es in dem Bestreben, seine neuen Landsleute von der Notwendigkeit eines militärischen Sieges über Hitlers Armeen und der Re-Kultivierung der verführten Deutschen zu überzeugen – um seines Vaterlandes und um der Menschlichkeit willen.

Mutet er sich zu viel zu? Überschätzt er seine physischen Widerstandskräfte?

Im Tagebuch jedenfalls mehren sich die Einträge über häufiges Unwohlsein und – das ist neu – manifeste Erkrankungen. Das Arbeiten am Schreibtisch fällt zunehmend schwer. Dennoch setzt Thomas Mann es unbeirrt, ja, mit einer gewissen Getriebenheit fort. «Ich habe während meiner Krankheit etwas Gutes geschrieben», berichtet er Agnes Meyer im Juli 1944. «Das Verhältnis Adrians zu der Prostituierten, bei der er sich, obgleich gewarnt von ihr, die Krankheit holt.» – Es ist das in literarischen und biographischen Dokumenten überlieferte Nietzsche-Schicksal, das der Autor hier variiert.

Doch wenig später – mit dem XXIII. Kapitel – gerät Adrian in das Milieu der Schwabinger Intellektuellen-Boheme. Die Erzählung, so umschreibt es der Autor, tritt «in eine Phase des Gesellschaftsromans». Er «krame» gerade in seinen «gesellschaftlichen Erinnerungen an das München von 1910», erzählt er seiner Gönnerin.

Gesellschaftliche Erinnerungen aber sind nicht nur an bestimmte Orte, sondern auch an die Menschen gebunden, die das Flair jener Zeit prägten. Sie vor allem gilt es, sich ins Gedächtnis zurückzurufen, sie neu zu sehen und dann abzuwägen, ob und in welchen Zusammenhängen es möglich sein könnte, Erscheinung, Eigenart und Fähigkeiten der historischen Figur für die Personnage des Romans nutzbar zu machen. – Thomas Mann hat sich dieser Technik gerade im «Doktor Faustus» ausführlich bedient – und sich im Nachherein schwergetan, bei ihm nahestehenden «Urbildern» um Verzeihung zu bitten für die ihnen *in litteris* zugefügten Verletzungen. Die unumgänglichen Bekenntnisse nebst zumeist anrührenden und überzeugenden Begründungen sind große, handschriftlich verfasste Bitten um Verständnis und Nachsicht, niedergeschrieben kurz vor der Veröffentlichung des Romans, die einstweilen jedoch noch in weiter Ferne lag.

Am 8. Mai 1945 kapituliert Deutschland: Ein von Thomas Mann lang ersehntes Ereignis, das indes Adrian Leverkühns Kompositionen Keats'scher und Klopstock'scher Hymnen kaum unterbricht. Das Manuskript wächst stetig weiter. Kurz nach Kriegsende, im Juni 1945, steht in Leverkühns Geschichte der Teufelspakt, im täglichen Leben seines Autors der 70. Geburtstag an, der in New York und – nach den Worten des Jubilars – «über die ganze Erde hin, bis nach Süd-Afrika», «freundlich und ehrenvoll» begangen wird. Auch die Gesundheit scheint sich stabilisiert zu haben.

«Scheint» … eine schwere Grippe-Erkrankung im März 1946 gibt Anlass zur Sorge. Spezialisten werden beigezogen, und die Röntgenaufnahmen zeigen – bei einem starken Raucher nicht unerwartet – Krebszellen im rechten Lungenflügel.

Thomas Mann ahnt von alledem nichts. Man spricht in seiner Gegenwart nur von einem «Lungenschatten», den man allerdings chirurgisch «abklären» müsse. Die Operation in Chicago verläuft komplikationslos, doch der Befund ist eindeutig. Dennoch erholt sich der immer noch unwissende Patient erstaunlich schnell. Am 20. Mai 1946 verlässt er das Krankenhaus und trifft acht Tage später wieder in Pacific Palisades ein.

Die Aufzeichnungen am Tag der Heimkehr fassen das

Glück des Wieder-Zuhause-Seins in zwei kurzen Sätzen zusammen: «Entzückt vom Licht, von den Farben. Garten und Ausblick paradiesisch.» Der Bericht über die Entstehung des «Doktor Faustus» führt diesen ersten Eindruck etwas genauer aus und fügt die Folgerungen für die eigene Lebensführung hinzu: «Ich war glücklich, mich im Natürlichen bewährt, eine rigorose Prüfung cum laude bestanden zu haben», heißt es dort, «glücklich, in den eigenen Lebensrahmen wieder zurückgekehrt und mit meinen Büchern, allem gewohnten Bedarf eines tätig strebenden Lebens wieder vereinigt zu sein; [...] glücklich vor allem, in dem längst gefaßten Beschluß [...] nichts anderes vorerst meine Sache sein zu lassen, als die Beendigung des Romans».

Katia Mann und Sekretärin Hilde Kahn sorgen dafür, dass dieser Beschluss Wirklichkeit werden kann. Doch die Arbeitsweise des Rekonvaleszenten musste sich ändern, denn längeres Sitzen am Schreibtisch verursachte «Schmerzen im Rücken». Es gilt also, «eine neue Arbeitspositur» zu finden. Das Experimentieren führt zum Erfolg. Thomas Mann entdeckt eine Möglichkeit, die ihm so zusagt, dass er sie bis zu seinem Tode beibehalten wird: «Das Schreiben in der Sofaecke, auf dem Schoß das in die Metallklammer einer Unterlage gespannte Papier.» Ob die Erinnerung an das geliebte Arbeiten im Strandkorb bei diesem Einfall Pate stand?

Doch wie immer es gewesen sein mag – geborgen unter einem Dach, in einer komfortablen Ecke sitzend, den neuen Füllfederhalter in der Hand und die harte Unterlage mit dem fest eingespannten glatten weißen Papier auf den Knien schreibt Thomas Mann nicht nur die letzten Kapitel des «Faustus»-Romans, sondern auch alle späteren Werke:

von der Geschichte vom «Erwählten» über die Novelle über die «Betrogene» bis hin zum letzten Opus, der Wiederaufnahme und Fortführung des Hochstapler-Romans «Felix Krull». Niemals mehr wird ein großes Werk ausschließlich am alten Arbeitstisch entstehen, sondern immer auch in der Sitz- und Schreibecke des geblümten kalifornischen Sofas. Der Wechsel scheint dem Autor keine Schwierigkeiten zu bereiten.

Umso mehr jedoch der Chronistin, deren Haupt-Sujet von nun an nur noch eine Nebenrolle zu spielen scheint. Scheint! Denn ein Arbeitszimmer ohne den vertrauten, nach wie vor mit allen geliebten Erinnerungsstücken bedeckten Schreibtisch ist nicht nur in Kalifornien, sondern auch später, nach der Rückkehr in die Schweiz, am Zürichsee in Erlenbach oder Kilchberg, undenkbar. Er ist längst kein bloßes Schreib-Möbel mehr, sondern Symbol und Garant geworden für immer wieder neu gewonnene Arbeitsfähigkeit und ein sinnvoll wirkendes Leben – gleichgültig, unter welchem Himmel er gerade steht.

Einstweilen aber, wir schreiben die ersten Nachkriegsjahre, befinden sich Schreibtisch und Schreiber noch im fernen Kalifornien, wo der «Faustus»-Roman am 29. Januar 1947 abgeschlossen wird. Der Eintrag im Tagebuch ist, wie immer, kurz und knapp gehalten: «Schrieb um ½ 12 Uhr die letzten Worte des ‹Dr. Faustus›. Bewegt immerhin. Rückblickend.» Wo diese letzten Worte notiert wurden, in der Sofaecke oder am Schreibtisch, bleibt unerwähnt. Der genaue Ort ist unwichtig geworden, es genügt die Gewissheit, dass die altvertrauten Dinge da sind und Kontinuität verbürgen. Die sorgfältig geführten und während der Arbeit griffbereit in der Schreibtischschublade liegenden Diarien erlauben, sich auch des Anfangs der jetzt beendeten Arbeit zu vergewissern: «Sonntag den 23. V. 1943: ‹Begann vormittags ‹Dr. Faust› zu schreiben›. Worauf [ich] schon am nächsten Tage wieder an einer deutschen Monatssendung schrieb.» (Es war jene bereits erwähnte Sendung zum zehnten Jahrestag der Bücherverbrennung, in der Thomas Mann seinen deutschen Hörern von dem verkohlten Exemplar der «Buddenbrooks» berichtete, das man ihm – als Paket sorgfältig verschnürt – während seines letzten Niddener Aufenthaltes im Sommer 1932 in den Garten geworfen hatte.)

Aus dem «Roman des Romans», in dem Thomas Mann zwei Jahre später Rechenschaft über die «Entstehung des Doktor Faustus» ablegt, kann man einiges über die Art und Weise erfahren, in der aus einer Tagebuch-Chronik Literatur gemacht werden kann: «Am 29. Januar vormittags», lesen wir dort, «schrieb ich die letzten Zeilen des ‹Doktor Faustus›, wie ich sie längst im Sinn getragen: Zeitbloms stilles Gebet für Freund und Vaterland – und blickte über die drei Jahre und acht Monate, in denen ich unter der Spannung dieses Werks gestanden hatte, zurück in den Maimorgen mitten im Krieg, an dem ich die Feder dazu angesetzt. ‹Ich bin fertig›, sagte ich zu meiner Frau, als sie mich von dem gewohnten Spaziergang gegen den Ozean hinab mit dem Wagen abholte. Sie […] beglückwünschte mich! ‹Mit Grund?› fragt das Tagebuch. Und es fügt hinzu: ‹Ich anerkenne die moralische Leistung›.» – Das Journal aber hält – im Gegensatz zu der literarischen Ausarbeitung – auch den restlichen Verlauf des Tages fest: Nach der Heimkehr noch ein Brief an den Zürcher Verleger Oprecht, danach mit Katia

und ihrem Dirigentenbruder Klaus Pringsheim nach West-
wood ins Cinema: «S. Maugham-Film. Gut gespielt, aber zu
lang.» Doch zu Hause wird es dann doch noch einmal festlich: «Abendessen mit Veuve Cliquot.» – Immerhin …

Zu einem kleinen Fest im Freundeskreis laden knapp eine
Woche später Alfred und Kitty Neumann ein: «Champa-
gner-Abendessen zur Feier der Beendigung des Faustus»,
notiert Thomas Mann, «Vorlesung der Echo-Kapitel». Die
Zustimmung der andächtig lauschenden Gesellschaft stabilisiert Psyche und Physis des Autors: «Sichtliche Ergriffenheit. Die Gestalt des Kindes zweifellos das Beste und Dich-
terischste in dem Buch. Weiterer Champagner. Kam mit
schlechtem Magen, der durch die Stärkungen in die Reihe
kam.»

«Gott sei Dank», mag der Leser hinzufügen, denn nun
gilt es, für die ab Mai geplante fünfmonatige Europa-Reise
einen Nietzsche-Vortrag zu schreiben, der so beschaffen
sein musste, dass er nicht nur das europäische – konkret: das
schweizerische – Publikum, sondern auch die Elite-Klientel
der Library of Congress in seinen Bann zog. – So wundert
es denn kaum, dass sich Thomas Mann bereits am Tag nach
dem Fest bei den Neumanns mit dem Nietzsche-Kenner
Ludwig Marcuse zu einem Spaziergang traf und nochmals
einen Tag später mit der Arbeit begann: «Wandte mich dem
Nietzsche-Vortrag zu. Schriftliche Materialsammlung von
verschiedenen Seiten her.»

Wir können vermuten, dass diese «schriftliche Materialsammlung» schon nicht mehr ausschließlich aus der Sofaecke heraus erfolgte, sondern dass Thomas Mann jedenfalls
gelegentlich an den Schreibtisch zurückkehrte. Aber war das

wirklich noch entscheidend für den Fortgang der Arbeit? Ganz sicher nicht, solange beide Möbel im Studio beisammenstanden. Von Schonung oder besonderen Arbeitsbedingungen ist jedenfalls in den täglichen Aufzeichnungen schon längst nicht mehr die Rede, eher vom Gegenteil. Das Tagebuch registriert einmal mehr all die dringlich eingeforderten Beiträge, Botschaften, Gutachten, Petitionen, Empfehlungen und Gratulationen, die es neben dem «Eigentlichen» zu erledigen galt. Für mich besteht kein Zweifel, dass sich Thomas Mann diesen Anforderungen – trotz gelegentlicher Seufzer – mit Überzeugung gestellt hat. Er wusste, was er seiner privilegierten Stellung schuldig war. Das Abarbeiten sozialer Aufgaben gehörte wie die täglichen, dem «Eigentlichen», dem künstlerischen Werk gewidmeten Stunden am Schreibtisch und in der Sofaecke zum lebensstabilisierenden Kanon. Erst wenn diese selbstgestellten Anforderungen erfüllt waren, kamen auch die Vergnügungen zu ihrem Recht: die abendlichen Plattenkonzerte so gut wie die lustvolle Teilnahme an all jenen gesellschaftlichen Veranstaltungen, die das Leben der über ausreichende materielle Ressourcen verfügenden deutsch-kalifornischen Emigrantenkolonie im Umkreis von Los Angeles so attraktiv machten.

Ein knappes halbes Jahr nach der schweren Operation nimmt der Rekonvaleszent bereits wieder fast jede Einladung in nur halbwegs renommierte Häuser an, pflegt nachbarschaftliche Kontakte, sofern sie auch nur die geringste Anregung versprechen, und besucht sogar Partys, wenn er davon ausgehen kann, dass die Unterhaltungen dort vorwiegend in deutscher Sprache stattfinden. Und sehr bald schon stehen auch wieder Kinobesuche und Einladungen zu den Previews und Sondervorstellungen auf dem Programm, bei denen sich *tout Hollywood* ein Stelldichein gibt. Das «Movie-Gesindel» bleibt, gelegentlichen Vorbehalten zum Trotz, attraktiv.

Doch mit welchen Vergnügungen auch immer Thomas Mann sich entspannt und wo er geschrieben haben mag, am Schreibtisch oder in der Sofaecke ... sicher ist, dass der Nietzsche-Essay am 25. März abgeschlossen ist und in einer zweistündigen, durch eine «Souper-Pause» unterbrochenen Vorlesung vor einigen Gästen – unter ihnen Theodor W. Adorno und Ludwig Marcuse mit ihren Frauen – auf seine Wirkung hin geprüft wird. Die ist – erwartungsgemäß – erfreulich, und ein erleichterter Autor protokolliert einen «erheblichen Eindruck», den eine abermalige, wiederum souper-unterbrochene Lesung vor anderen Gästen bestätigt: «Viel Bewunderung, wenig Kritik, [...] Lob der Diktion: ‹Wo wird noch so geschrieben?›»

Das Weitere – eine «halbierende Kürzung» des Textes sowie die Herstellung der zur Anpassung ans jeweilige Auditorium notwendigen Versionen – erledigt dann Tochter Erika, die inzwischen zur Vorbereitung der Europa-Reise am San Remo Drive eingetroffen ist. Während Thomas Mann, von Katia *down town* chauffiert, noch schnell eine Rede beim Meeting der Federalists in der First Methodist Church absolviert, bringt sie den Nietzsche-Essay auf eine vortragsgeeignete Fassung von 14 Seiten. «Erika leistete ein Meisterstück literarischer Regie, indem sie den Aufsatz, eben fürs Mündliche, durch hundert Aussparungen im einzelnen und unter Bewahrung des Wesentlichen, genau um die Hälfte kürzte», lobt der dankbar-erleichterte Vater noch zwei Jahre später, im Rückblick auf die Entstehungszeit des «Doktor Faustus» – seinen eigenen Tagebucheintrag «natürlich verarmt» diskret unterdrückend.

Indes bedeutet Erikas Assistenz und ihr Entschluss, die Eltern auf der Europa-Reise zu begleiten, nicht nur Erleichterung, sondern auch eine einschneidende Änderung des Besuchsprogramms, bei dem unter anderem auch ein Wiedersehen mit München eingeplant war. Die Tochter widersetzt sich dieser Absicht mit so viel Vehemenz und Überzeugungskraft, dass die Eltern das Vorhaben schließlich aufgeben. Thomas Mann bleibt es, den für einen angemessenen Empfang des verlorenen Sohnes sich rüstenden Stadtvätern die Absage in einem wohlformulierten Schreiben zu begründen. Er tut es ohne größere Hemmungen. Fast gewinnt man den Eindruck, er stimme dem Argument Erikas, die Deutschen hätten diese Visite noch keinesfalls verdient, mit einer gewissen Erleichterung zu. Dennoch arbeitet er zwei Tage an dem diplomatischen Schreiben, das eine deutliche Abrechnung mit dem, was unter Billigung so vieler Wissender zwölf Jahre lang geschah, so formulieren muss, dass es einen späteren Besuch nicht ausschließt.

Besuche in Europa.
Transatlantische Passagen

Am 22. April 1947, knapp drei Monate nach Abschluss des
«Faustus»-Romans und wenige Tage nach Beendigung seines «essayistischen Nachspiels» – «Nietzsche im Lichte
unserer Erfahrung» –, ist Aufbruch. Über Chicago und
Washington, wo der zum Vortrag gekürzte Aufsatz vor dem
illustren und wiederum äußerst beifallsfreudigen Publikum
im überfüllten Coolidge Auditorium der Library of Congress mit Wohlwollen aufgenommen und später mit einem
hochbesetzten Empfang im Hause der Gönnerin Agnes
Meyer noch einmal gebührend gefeiert wird, geht es weiter
nach New York.

Hier gibt es noch einmal den gekürzten «Nietzsche» –
diesmal im Hunter-College. Der Abend wird ein Triumph.
Gemeinsam mit 2.000 Zuhörern lauschen die versammel-
ten Freunde fünf Viertelstunden mit beeindruckender Aufmerksamkeit «lautlos und jede Pointe auffangend» dem Vortrag, der den Redner, wie er ausdrücklich vermerkt, nicht besonders erschöpfte. Sein abschließendes Urteil: «Man kann
von einem glänzenden Verlauf des Abends sprechen. Aspekt
und Charakter einer großen Konzert-Veranstaltung.»

Während die Eltern Besuche machen, Geschäfte regeln
und alte Freunde empfangen, kümmert sich Erika um die
nötigen Papiere, besorgt Kabinen auf der «Queen Elizabeth»

und führt Gespräche «mit den Ämtern», die ihr die Unrat-
samkeit eines Deutschlandbesuches von Thomas Mann zur
jetzigen Zeit bereitwillig bestätigen – «obgleich man grundsätzlich die Emigranten-Politik gewechselt hat».

Die Überfahrt leidet ein bisschen unter der engen Dreier-
Kabine, dem zeitweise sehr stürmischen Wetter, dem «mä-
ßigen Essen» und dem Wissen, die Aufmerksamkeit der
Journalisten bei Abreise und Ankunft mit einer anderen
Berühmtheit, dem Duke of Windsor, teilen zu müssen.
Doch der wiederum «triumphale Verlauf (zwei überfüllte
Säle)» des Nietzsche-Vortrags in der Londoner Universität
entschädigt für die überstandenen Unbilden, und die Be-
gegnung mit Vertretern der «Thomas Mann-Gruppe des
deutschen P. E. N.» sowie die Begrüßung durch zwei BBC-
«Häupter» mit anschließendem Empfang beim «General»
zeigen dem Europa-Besucher, dass er noch etwas gilt in der
Alten Welt.

Das wirkliche Glück aber stellt sich erst ein, als das
«Privat-Flugzeug», das Thomas, Katia und Erika Mann we-
nige Tage später von London nach Zürich bringt, am frühen
Nachmittag des 24. Mai 1947 in Kloten landet. Das befreun-
dete Verleger-Ehepaar Oprecht und Schwiegertochter Gret
warten mit den Enkeln Toni und Frido am Gate: «Große
Freude. Im Hotel Cocktails, nachher Lunch. Abends im
Theater: ‹Traumspiel›.»

Welch passender Beginn für eine ganz von Wiedersehensfreude geprägte Woche: Alte Freunde laden zu Zusammen-
künften in vertraute Räume; Soupers, Interviews, erinne-
rungsträchtige Gänge am See und ein Wermut vor dem
«Frascati», wo Thomas Mann, wie ihm einfällt, «oft vor neun

Jahren von der Stadt kommend» auf Katia wartete. Dazu die «herzlichste» Begrüßung «in vertrauten Geschäften», eine «tief befriedigende», «mit Beifallsdonner» belohnte Matinee im Schauspielhaus und, natürlich, ein Besuch der Schiedhaldenstraße: «Wie sehr fühle ich mich durch Bilder, Menschen, Atmosphäre an alte Zeiten erinnert.»

Fast scheint es, als sei der offizielle Anlass der Reise, der XIV. Internationale PEN-Kongress am 3./4. Juni, ein wenig aus dem Blick geraten. Und in der Tat hat er in Thomas Manns Aufzeichnungen kaum Spuren hinterlassen. Der Rückblick auf die erste Zürcher Zeit, niedergeschrieben einen Monat später in Flims, zeugt von wenig Interesse an dem Dichter-Treff. «Die PEN-Woche im heißen Zürich mit ihren Veranstaltungen. Arbeitssitzung über die deutsche Frage, bei der ich zugunsten einer innerdeutschen Gruppe sprach. (Schlecht.)» – Nicht einmal der Nietzsche-Vortrag vor den Schriftsteller-Kollegen wird erwähnt.

Drei Juli-Wochen in Graubünden sorgen für die dringend nötig gewordene Erholung von den Zürcher Beanspruchungen, die am Schluss des ersten in Europa verbrachten Monats denen in Kalifornien kaum nachstehen. – Dennoch geht es noch einmal zurück an die Limmat. Das Hotel «Neues Schloss» bietet eine bisher unbekannte, aber komfortabelangemessene Bleibe. Ausflüge und Besuche füllen die Zeit, das Wiedersehen mit Bruder Vicco nebst Frau verläuft harmloser als gedacht, und ein Zusammensein mit Hermann Hesse hinterlässt freundliche Erinnerungen. Zum Abschluss der Schweizer Wochen chauffiert der Fahrer des Verlegers Montadori den Autor nebst Frau zu einem dreitägigen Besuch nach Oberitalien. Die Fahrt über den Gotthard, vorbei am Lago Maggiore nach Stresa ist – vom Wetter begünstigt – so eindrucksvoll, dass sie das nicht unanstrengende «dreitägige Leben» in dem «luxuriös-unkomfortablen Landhaus der patriarchalischen Familie» wettmacht.

Die Rückreise des Ehepaares führt über Amsterdam, wo Trubel und Erfolg es mit den Schweizer Triumphen durchaus aufnehmen können, und schließlich beendet ein zehntägiger Erholungsurlaub im vertrauten niederländischen Nordwijk das erste europäische Nachkriegs-Abenteuer.

Die Atlantik-Überquerung auf dem «angenehmen, hübschen kleinen» holländischen Dampfer «Westerdam» gibt Muße zur kritischen Retrospektive. «Europa bleibt zurück»; es geht wieder nach Hause – nach Kalifornien, das man vor fast fünf Monaten verließ. «Die Reise war zeitlich zu ausgedehnt und stellte große Anforderungen an meine Spannkraft», notiert der Heimkehrer, «achtern» auf seinem «Deckstuhl» liegend, «doch muß ich sie wohl nicht unfruchtbar, die Zeit nicht verloren nennen».

In der Tat waren während der Graubündner Mußestunden in der Phantasie Thomas Manns neben dem stets präsenten Goethe neue Gestalten aufgetaucht. Die Gedanken gehen in die Zeit des Doktor Faustus zurück: Erasmus von Rotterdam, Luther und Hutten … auch er ein Syphilitiker. Ein greifbares Ergebnis hatte sich nicht abgezeichnet, aber der Rückblick erlaubte freies Assoziieren und kritisches Überdenken der eigenen Existenz: «Die Erlebnisse seit New York, London, Zürich gehen mir durch den Sinn. Auch mein Ruhm hat […] etwas Erasmisches, und zuletzt lasse ich's fehlen wie er.» – Erst angesichts der «gewaltigen Strecke von Wasserwüste», die es noch zu überwinden gilt, ehe der Anblick des eigenen Schreibtisches die Gewissheit geben würde, wieder zu Hause zu sein, holt die europäische Vergangenheit den amerikanischen Staatsbürger ein: «Hatte das Gefühl, ‹noch einmal› zurückzukehren, so als wäre Europa doch wieder mein und meiner Arbeit Heim geworden.»

Doch mit der geographischen Distanz vom alten Kontinent verblasst das «Noch einmal», und die Sehnsucht, «heim» zu kommen ins kalifornische Arbeitszimmer, verdrängt die rückwärts gerichteten Gedanken. Die geographische Annäherung ans greifbar Reale beendet die Flucht ins Illusionäre: «Ich hasse die Räume, die mich von dem Haus dort und dem Pudel trennen.»

Dennoch, die Lektüre der Tagebücher zeigt, dass sich die Gedanken während der Überfahrt ausschließlich mit europäischen Gestalten beschäftigen: Thomas Mann entdeckt die mittelalterlichen Epen. Ein neuer Stoff gewinnt Kontur und drängt den schon einmal verworfenen Gedanken an eine Fortführung der Hochstapler-Geschichte abermals zurück. Neben Goethe und Erasmus treten Wolfram von Eschenbach und Hartmann von Aue, dessen Geschichte vom begnadeten Sünder Grigorß neue Möglichkeiten autobiographischen Erzählens eröffnet. Das zurückgelassene Europa verliert an Bedeutung durch die Gewissheit, die Welt des alten Kontinents auch am Pazifik wiederzufinden: am alten Münchener Arbeitsmöbel im deutsch-kalifornischen Studio am San Remo Drive. Der Schreibtisch verbindet die Kontinente: Schon immer stand der ägyptische Krieger neben den Schiller'schen Messingleuchtern, der Elefanten-Stoßzahn aus Afrika neben der chinesischen Aschenschale, der siamesische Bronze-Buddha neben dem Photo der jungen Katia.

Die Passkontrolle bei der Ankunft in New York ist «leicht und höflich. ‹You are *the* Thomas Mann? Welcome home.›» Mit Station bei Medi in Chicago geht es zurück nach Pacific Palisades, wo Postberge, Mückenschwärme, Familienprobleme und die Hysterien der ihr Land kommunistisch unterwandert wähnenden Politiker keine rechte Wiedersehensfreude aufkommen lassen. Erst Erikas Heimkehr, zehn Tage später, bringt etwas mehr Überblick und Gelassenheit.

Aber auch ihre Situation hat sich seit der Beendigung des Krieges verändert. Für die mutige Journalistin, die sich auf fast allen Kriegsschauplätzen informierte und in glänzend geschriebenen Reportagen sowie ausgedehnten Lecture-Tours vor stets überfüllten Sälen über das dort Erlebte berichtete, gibt es zunehmend weniger Arbeit. Wegen ihrer kritischen Berichterstattung über amerikanische Nachkriegsprobleme gilt sie – schon aufgrund ihrer republikanischen Gesinnung während des Spanienkrieges – als politisch unzuverlässig. Es ist leicht, ihr Sympathien für «die Linken» und Kollaboration mit den Kommunisten zu unterstellen. Und für McCarthys Committee on Unamerican Activities reicht schon der bloße Verdacht auf derartige Verbindungen aus, um den Verfemten mundtot zu machen und ihm damit – wie im Falle von Erika Mann – die Existenzgrundlage zu nehmen.

Noch ist Erika nicht völlig arbeitslos, aber die Zahl ihrer Engagements ist drastisch zurückgegangen, sodass sie zunehmend oft und auch für längere Zeit ins Elternhaus zurückkehrt. Sehr zur Freude des Vaters, dem das belebende Element der «Tochter-Adjutantin», wie er sie wenig später nennt, wohltut; zumal dann, wenn es gilt, seine meistens zu langen Texte auf das erforderliche Maß zurechtzustutzen und die poetischen Werke von allzu gelehrten oder detailversessenen Passagen zu befreien. Auch ist es beruhigend für Thomas Mann, sich während der gefürchteten *question period* im Anschluss an einen Vortrag auf Erikas Gespür für die Besonderheiten des jeweiligen Publikums und ihre perfekte Beherrschung der Landessprache verlassen zu können.

Kein Zweifel, Erika wurde in den ersten Nachkriegsjahren dem Vater zu einer wichtigen, ja, gelegentlich sogar unentbehrlichen Hilfe und trug so – jedenfalls indirekt – auch zur Entlastung der Mutter bei. Sie begleitete die Eltern auf ihren Europa-Reisen, brachte die anstehenden Vorträge und Lesungen auf die dem jeweiligen Publikum angemessene Länge, ließ Kabinen, Flugzeugplätze und Schlafwagen-Betten reservieren und kümmerte sich um die jeweils nötigen Ein- und Ausreisepapiere, wobei sie notfalls auf die Ehre verwies, die es für Ämter und Gesellschaften bedeute, einer so herausragenden und wichtigen Persönlichkeit wie Thomas Mann behilflich sein zu dürfen.

Zur Begleitung der Eltern nach Deutschland im Goethejahr 1949 war sie allerdings nicht bereit. Mochte der Vater die Möglichkeit, seine alte Heimat im Schutze eines Größeren wiederzusehen, als angemessenen Anlass empfinden, den Besuch zu wagen – die Tochter blieb bei ihrer ablehnenden Haltung. Ein junger Zürcher jedoch, Georges Motschan, dem als Gymnasiast ein hymnischer Brief über die «Buddenbrooks» eine Audienz in Küsnacht eingetragen hatte und der seither ein getreuer Anhänger Thomas Manns ge-

blieben war, erklärte sich bereit, während des Deutschland-
besuchs die Rolle eines Chauffeurs und Reisemarschalls zu
übernehmen.

Am 1. Mai 1949 bricht das Ehepaar zusammen mit Tochter Erika in Pacific Palisades zu seiner zweiten Nachkriegs-
Europareise auf. Diesmal wird der Atlantik per Flugzeug
überquert. Die erste Station ist London, wo Thomas Mann
vor dem Senat der Universität über «Goethe and Demo-
cracy» redet und am nächsten Tag in der Wiener Library,
der großen Sammlung aller verbotenen und verbrannten
deutschen Bücher, ein dauerhaftes Gedenken an die Schand-
tat vom 10. Mai 1933 einfordert sowie erste Zeichen der Ver-
drängung geißelt, von denen man ihm berichtet habe.

Dann geht es weiter nach Stockholm. Dort erreicht die
Familie am Abend des 22. Mai die Nachricht vom Tod des
Ältesten, Klaus, in Cannes: «Viel über ihn und den von langer Hand unwiderstehlich wirkenden Todeszwang», protokolliert der Vater, «Das Kränkende, Unschöne, Grausame,
Rücksichts- und Verantwortungslose.» – Was die Reise betrifft, so beschließt man einen Kompromiss: «Ausführung
meiner Vortragsverpflichtungen hier, in Kopenhagen und in
der Schweiz und Absage aller gesellschaftlichen Veranstaltungen.»

Letzteres lässt sich jedoch kaum durchhalten. Der feier-
lich-ehrenvolle Rahmen zumindest der skandinavischen
Auftritte ist vorgegeben. Die Reden vor einem hochrangigen
Publikum in Stockholm und Kopenhagen, die Ehrenpro-
motion im Dom zu Lund enden nun einmal mit festlichen
Diners – und zumindest dem Gefeierten mögen diese Rituale geholfen haben, wieder ins Leben zurückzufinden.

Der Empfang auf dem Flughafen in Zürich, zehn Tage später, ist «wie erträumt»: «Alle waren da.» Man wohnt wie zwei Jahre zuvor im Baur au Lac, hat «gute, angenehme Zimmer nach dem Kanal [hin] gelegen», nimmt gemeinsam mit den alten Freunden und Kindern eine «Mahlzeit im Grill», kleidet sich um und geht ins Schauspielhaus, um in eigener Loge «einer Faust-Aufführung mit der Gold» beizuwohnen. Die Begründung für dieses Mammut-Unternehmen verrät auf anrührende Weise, wo Thomas Mann in seinen Träumen zuhause ist: «... weil wir vor zwei Jahren auch gleich im Theater waren.»

Die Feier im Schauspielhaus, zwei Tage später, wird zum überwältigenden Erlebnis. Es gilt, in Anwesenheit von Stadt- und Staatspräsident, umrahmt vom de-Boer-Quartett, Goethes zweihundertstem Geburtstag zu gedenken. Thomas Manns Rede über «Goethe und die Demokratie», erdacht und niedergeschrieben am Münchener Schreibtisch und in der Sofaecke des kalifornischen Studio, wird mit der «herzlichsten Begrüßung» und «enormem» Beifall belohnt. Der 74. Geburtstag am Pfingstmontag ist von «heitersten Bildern» begleitet. «Es sind alles Wiederholungen», vermerkt das Tagebuch. Wiederholungen, die beglücken und Perspektiven für die Zukunft eröffnen: Die abendliche Feier, die Freunde im altvertrauten Café Huguenin ausrichten, endet mit dem Vorsatz, auch den 75. Geburtstag «in Zürich zu begehen».

Hier, in Zürich, fällt jetzt auch die Entscheidung für den Besuch der *beiden* deutschen Staaten. Die Rede in Frankfurt ist längst beschlossen, aber Weimar hat inzwischen das Ehrenbürgerrecht verliehen, sodass ein Besuch dort gleichfalls ansteht. Die Idee, am Geburts- und am Sterbeort eine Gesamtdeutschland geltende Gedenk-Rede zu halten, fasziniert den in Goethes Spuren Gehenden. Er akzeptiert die offizielle Einladung der DDR und schreibt einen neuen Vortrag über den in West und Ost zu feiernden National-dichter. Frankfurts liberaler Oberbürgermeister sieht es nicht gern. Auch sonst fehlt es nicht an freundschaftlichen Warnungen, denen Thomas Mann mit Berichten über die in Europa weitgehend unbekannten «hysterisch-rechtswidri-gen Vorkommnisse drüben», in den USA, begegnet. Es gäbe inzwischen einen «eisernen Vorhang». Dennoch erklärt er seine grundsätzliche Verbundenheit mit dem Land, dessen Bürger er bleiben will. Im Tagebuch allerdings folgt dieser Aussage das Bekenntnis: «Trotzdem, Gedanke, unseren Le-bensabend in der Schweiz zu verbringen.»

Zunächst aber gilt es, den Besuch Deutschlands zu bewäl-tigen. «Gefühl, als ob es in den Krieg ginge», notiert Tho-mas Mann am Vorabend des Aufbruchs. Georges Motschan steht mit dem Buick bereit, aber der Festredner hat Hem-mungen, in einer amerikanischen Luxuslimousine mit eige-nem «Driver» zu reisen. In Basel besteigt das Ehepaar den durchgehenden Zug nach Frankfurt, wo man es ehrenvoll empfängt. Dem Verlauf der Paulskirchen-Zeremonie und der anschließenden Besuche und Besichtigungen widmet der Tagebuchrückblick nur wenige Zeilen: «Der Aufenthalt, trotz spuckender Briefe und Artikel, zweifellos ein Erfolg.» Die Rede, Thomas Manns mit Erikas Assistenz während einer dreiwöchigen Erholungspause in Vulpera eigens für die Feiern in Frankfurt und Weimar geschriebene festliche «Ansprache im Goethejahr», wird ohne Kommentar erwähnt. Die spätere «Akklamation durch spalierbildendes Publikum» ist wichtiger.

Im Buick, den Motschan allein nach Frankfurt gefahren hat, geht es über Stuttgart nach München, wo man den Gast nach seinem Vortrag über «Goethe und die Demokratie» «stürmisch feiert», aber offensichtlich wenig Gegenliebe findet: «Die Stadt, zerlumpte Vergangenheit, für die wenig Herz.» – Thomas Mann weigert sich, sein altes Haus wiederzusehen. Die Kränkung von 1933 ist noch nicht vergeben.

Über Nürnberg reist er, nach einem Kurzbesuch bei der dortigen – seinen Namen tragenden – literarischen Gesellschaft, weiter nach Thüringen. Eine Zonen-Grenze wird nicht erwähnt. Der Versuch, die offiziell geplante Route zu umgehen, ändert wenig am festlichen Empfang: allerorten singende Schulkinder und Fähnchen schwenkende Landsleute. Der nur kurzzeitig irritierte Regierungskonvoi bahnt dem Buick des Gefeierten den Weg. Kein Zweifel, hier, jenseits der deutsch-deutschen Grenze, ist die repräsentative amerikanische Luxus-Limousine samt ihrem 29-jährigen, gesellschaftlich gewandten und fließend Russisch sprechenden Fahrer eine wirkliche Hilfe. Sie legitimiert die überwältigenden Ehrungen, erlaubt die Hinwendung zur jubelnden Masse und macht zugleich den Abstand sinnfällig, der den Gefeierten von seinen offiziellen Gastgebern trennt. «Ich kenne keine Zonen. Mein Besuch gilt Deutschland selbst, Deutschland als Ganzem, und keinem Besatzungsgebiet», hatte Thomas Mann sowohl in Frankfurt als auch in Weimar postuliert und gefragt: «Wer sollte die Einheit Deutschlands gewährleisten und darstellen, wenn nicht ein unabhängiger

Schriftsteller, dessen wahre Heimat [...] die freie, von Besatzungen unberührte deutsche Sprache ist.»

Niedergeschrieben war auch diese Rede an einem fremden Schreibtisch irgendwo im Traditionshotel Schweizerhof zu Tarasp-Vulpera. Der genaue Ort wird – im Gegensatz zur ersten Emigrationszeit, in der Thomas Mann jeden Behelf genau notiert – mit keiner einzigen Zeile erwähnt. «Ein festes Dach über dem Kopf, bequemes Sitzen, gutes Papier und eine leicht gleitende Feder»: Mehr braucht es nicht, jedenfalls nicht dann, wenn die Rückkehr an den vertrauten Arbeitsplatz, den alten Schreibtisch mit all seinen liebgewordenen Erinnerungsstücken jederzeit möglich ist.

Der Schreibtisch als Symbol für Heimat, Angekommensein und Arbeitssicherheit. Einstweilen steht er noch am Pazifik, aber bereits während dieses zweiten europäischen Nachkriegs-Aufenthaltes wird erkennbar, dass es Thomas Mann nicht mehr gleichgültig ist, wo sich dieser Schreibtisch befindet. Heimatgefühle – das zeichnet sich ab – verbinden sich allen kalifornischen Verlockungen zum Trotz mehr und mehr mit der Schweiz. Sie konkretisieren sich in dem Wunsch nach einer dauerhaften Bleibe dort, einem eigenen Haus in Zürich, in dem dann auch der Schreibtisch seinen Platz finden mag.

Zunächst aber siegt noch einmal die Liebe zur kalifornischen Traumvilla, dem ausschließlich nach den eigenen Bedürfnissen errichteten Haus mit dem separaten Schlaf- und Arbeitsbereich und dem Münchener Schreibtisch, von dem aus man auf den Pazifik blicken kann. Noch ist der Stolz auf das durch eigene Leistung (und mit der Hilfe von Agnes Meyer) Erreichte stärker als alle Ängste und Bedenken angesichts der politischen Entwicklung des neuen Vaterlandes. Noch ist Thomas Mann sich seiner Position in Amerika sicher, aber die gnadenlose Verfolgung angeblicher Kommunisten durch McCarthys Committee erinnert den Hitler-Emigranten bedrohlich an die Vorgänge in Deutschland nach 1933. Damals hatte der Flüchtling lange gezögert, ehe er ein offenes Wort wagte gegen die dort herrschende Barbarei und schändliche «Verhunzung» aller humanen Werte. Jetzt tritt der Amerikaner früh und entschieden der antikommunistischen Hexenjagd entgegen, die sein neues Vaterland aller freiheitlichen Grundrechte und jener liberalen Tradition zu berauben droht, um derentwillen er Bürger dieses Landes geworden ist.

Und doch verrät das Tagebuch, in welchem Ausmaß die Gedanken des alternden Thomas Mann um Europa, konkret um die Schweiz zu kreisen beginnen. Der 75. Geburtstag wird, wie im Vorjahr geplant, in Zürich gefeiert. Die Freunde dort laden zu einem intimen, aber natürlich hochbesetzten Fest, ins vertraute «Zunfthaus zu Saffran». Am Abend zuvor geben sich, nach glanzvollem Verlauf des Vortrags «Meine Zeit» im Schauspielhaus, Intendant, Stadtpräsident und Internationaler PEN-Club die Ehre. Das wiegt das Verbot der jährlichen Rede an der Washingtoner Library of Congress allemal auf, wo man nicht bereit war, Thomas Mann seine Weimar-Visite nachzusehen.

Der folgende Ferienaufenthalt in St. Moritz ist überschattet von vielfachen Irritationen. Dazu gehören beglückende ‹Bilder am Wege› – Begegnungen mit jungen Männern, die Liebesgefühle wecken: der Kellner Franzl – «Noch einmal dies! Noch einmal die Liebe!» –; oder der schlanke Argentinier mit den «Hermesbeinen»: «Tiefes erotisches Interesse. Aufstehen von der Arbeit, um zu schauen.» – Die «Arbeit», das meint zu diesem Zeitpunkt: die Abhandlung über die «Erotik Michelangelos», zu der eine neue Übersetzung der Sonette Lust gemacht hat. «Was mich an jenen Gedichten anspricht [...], ist die Ermächtigung des Alters zur Liebe, die ich mit dem melancholischen Bildhauer wie mit Goethe und Tolstoi teile. Mächtig aushaltende Naturen.» – Europäische Naturen wohlgemerkt, keine Amerikaner.

Kein Zweifel, Amerika rückt fern während der Zeit in St. Moritz, und ist doch immer wieder bedrohlich nah. Die Gespräche mit Katia, Erika und Golo beim Tee in der Halle kreisen um die Zukunft der Familie dort «im Fall des Krieges» oder «Halbkrieges bei sich steigerndem Chauvinismus und Verfolgung jedes Nonkonformismus». Sie sind nicht dazu angetan, die Ängste zu mildern. Was soll werden, wenn – wie bei anderen bereits geschehen – der Pass entzogen wird? Erika und Golo raten, im Augenblick überhaupt nicht zurückzukehren, und Thomas Mann notiert am 18. August 1950 im Suvretta-Haus: «Der Gedanke einer wiederholten Emigration spukt längst, und dies Tagebuch kehrt gewissermaßen zu seinem Beginn, Arosa 1933, zurück.» Konkrete Strategien werden entworfen: «Die Ablösung von Amerika müsste sehr leise und vorsichtig geschehen. Erika würde dorthin fahren und die Räumung, Vermietung oder den Verkauf des Hauses einleiten. [...] wohl gewiß, daß wir im Fall unserer Rückkehr jetzt nicht mehr herauskämen und das Land eine große Falle für uns wäre.»

Im Endeffekt allerdings verwirft Thomas Mann den Gedanken an eine Nicht-Rückkehr – jedenfalls zum jetzigen

Zeitpunkt: Er denke immer wieder, «daß es bei meiner Stellung in Amerika, den vielen Freunden, die ich dort habe, das Vernünftigste sein wird, nach Hause zurückzukehren, aller Politik abzusagen, etwas Merkwürdiges zu schaffen und die Dinge abzuwarten». Auch Adorno rät zur Rückkehr «um des gegebenen Lebensrahmens willen, der allein der Arbeit zuträglich». Außerdem erschreckt die Vorstellung, «als amerikanischer Flüchtling in der Schweiz» zu leben: «Wie das Provisorium hier gestalten?» Und weiter: Was soll mit Erika geschehen? Soll man sie allein hinüberschicken zur Auflösung des Haushalts? Ohne sie hinübergehen, da sie polizeilichen Maßnahmen ausgesetzt sein könnte? Aber gerade unter den obwaltenden Umständen «würde sie mir dort aufs schwerste fehlen».

Erika, Erika und noch einmal Erika! Katia wird kaum noch erwähnt – allenfalls dann, wenn sie krank ist – was auffallend häufiger als früher der Fall zu sein scheint. Die quälenden Überlegungen und Diskussionen zeigen, wie angewiesen Thomas Mann inzwischen auf die Hilfe, ja, auf die bloße Anwesenheit der Tochter ist und wie sehr ihn jede Nachricht über Schwierigkeiten irritiert, die ihr bei der Wiedereinreise in New York drohen könnten. Ein in dieser Sache konsultierter Anwalt spricht sogar von einer möglichen Internierung auf Ellis Island. Es ist schließlich die Tochter selbst, die abwiegelt, den Flug für die Eltern arrangiert und verspricht, ihnen nach kurzem Aufenthalt in Amsterdam zu folgen.

Ein junger, hübscher «Schaffner» «mit prächtigen Zähnen» sorgt dafür, dass der Flug trotz eines Motorschadens, der zur Rückkehr nach Gander in Neufundland zwingt, angenehm vergeht. Es gelingt Thomas Mann sogar, während der Nacht längere Zeit zu schlafen. Am Flughafen stehen die treuen New Yorker Freunde, das Wetter ist heiter, die Zugfahrt quer durch den Kontinent zurück nach Pacific Palisades, von Erika ‹fernmündlich› arrangiert, verläuft ohne Zwischenfälle. Und ein selbstkritischer Rückblick hilft, das nötige Selbstbewusstsein wiederzugewinnen und jedenfalls die nahe Zukunft vorausschauend zu ordnen: «Meine praktische Unfähigkeit, verstärkt durch Verwöhnung, beschämt mich. Völlig Präokkupation durch Leidenschaften, Liebeskummer, die nur durch Dichtung leidlich zu erlösen. Diese ist es aber, die uns alle ernährt, und so ist es von vitaler Wichtigkeit, daß ich zu Hause so bald wie möglich den Gregor zu Ende schreibe.»

Doch «zu Hause», das heißt wie seit nunmehr bald zehn Jahren: im mit den Münchener Möbeln, aber auch dem amerikanischen Blumensofa bestückten Studio am San Remo Drive. Ob am alten Schreibtisch oder in den bequemen Polstern spielt keine Rolle mehr. Spätestens nach der Rückkehr aus Chicago, nach überstandener Operation, ist der Schreibtisch mit allen Dingen, die ihm zugehören, zum Symbol für gelingendes Leben geworden. Allein sein Bild genügt, um Sicherheit und Zuversicht zu gewinnen. «Ich denke, zu Hause, in meinem Eigen und Bereich, werde ich [...] mich selbst wiederfinden.» Und Thomas Mann irrte sich nicht: «Saß wie im Traum», so die Retrospektive im Tagebuch vom Tag der Heimkehr. «Ruhte im Arbeitszimmer. [...] Die Kalender-Uhr gerichtet. Unordentliche Fülle, über der eine Scheinordnung aufrecht zu erhalten. Möglichst bald zur Arbeit zu gelangen.» Das Fazit allerdings klingt – zum ersten

Mal – zwiespältig: «Nun umgibt das Alte mich wieder, und ich weiß nicht, ob es mich ödet, ob es mich freut.»

Doch die jahrelang geübte Disziplin setzt sich durch. Erikas Ankunft wenige Tage später tut ein Übriges. Ein Vierteljahr nach der Heimkehr wird der «Erwählte» beendet, ein – wie der Autor es beschreibt – «Spätwerk in jedem Sinn, nicht nur nach den Jahren seines Verfassers, sondern auch als Produkt einer Spätzeit, das mit Alt-Ehrwürdigem einer langen Überlieferung sein Spiel treibt». Und Thomas Mann setzt hinzu: «Ich habe wenig dagegen, ein Spätgekommener und Letzter, ein Abschließender zu sein. [...] Der verspielte Stil-Roman, die Endform der Legende, bewahrt mit seinem Ernste ihren religiösen Kern, ihr Christentum, die Idee von Sünde und Gnade.»

In diesem Sinn ist «Der Erwählte» neben dem «Doktor Faustus» auch eine spirituelle Rückkehr zu den eigenen Wurzeln – der die reale Übersiedlung nach Europa fast zwangsläufig folgt.

Erlenbach.
«Heimkehr zur alten Erde»

Sechzehn Monate nach dem Erscheinen des «Erwählten», kurz vor dem Abflug nach Zürich zum jährlichen Schweizbesuch, erreicht Thomas Mann die Nachricht, dass die Vereinigten Staaten Erika das Re-Enter-Permit – das heißt die Erlaubnis, nach Amerika zurückzukehren – verweigert haben. Ohne großes Zögern beschließt er, gleichfalls in Europa, nach Möglichkeit in Zürich, zu bleiben. Im Grunde hatte er sich längst entschieden, wie der wenig später geschriebene Artikel «Comprendre» beweist: Es ist «eine seelische Tatsache, daß ich mir, je länger ich dort [in Amerika] lebte, desto mehr meines Europäertums bewußt wurde, und trotz bequemster Lebensbedingungen ließ mein schon weit vorgeschrittenes Alter den fast ängstlichen Wunsch nach Heimkehr zur alten Erde, in der ich einst ruhen möchte, immer dringender werden». Thomas Mann leugnet nicht, dass bei derartigen Überlegungen auch das Politische eine Rolle gespielt habe, lässt aber keinen Zweifel daran, dass es zunächst Heimweh nach der «alten Erde» ist, das den Entschluss zur Rückkehr leichtgemacht habe.

Trotz der grundsätzlich veränderten Situation aber werden die noch in Pacific Palisades gefassten Pläne und eingegangenen Vortragsverpflichtungen ohne Abstriche durchgeführt. Da im Engadin keine Zimmer mit den unabdingbaren Facilitäten verfügbar waren, geht es dieses Jahr ins Berner Oberland, nach Kandersteg. Aber auch hier wird der schon nahezu traditionelle Umzug in ein besseres Domizil notwendig. Die Gesundheit lässt zu wünschen übrig. Magen und Darm streiken; Thomas Mann fühlt sich alt, krank und verbraucht. Die Vorstellung, das schöne Haus in Kalifornien nie mehr wiederzusehen, schmerzt und irritiert: «Kann noch nicht glauben, daß wir an den schönen Platz nicht zurückkehren wollen. Zweifle auch manchmal, und die Zukunft scheint mir so wirr.»

Immerhin helfen ein Abstecher nach Salzburg, einige Tage mit den «Bübchen» – den kalifornischen Enkeln Frido und Toni – in St. Wolfgang und noch einmal drei Wochen Erholung in Bad Gastein, wieder Stabilität zu gewinnen. In Zürich bezieht das Ehepaar auf unbestimmte Zeit zwei Zimmer im Waldhaus Dolder, um sich – abgesichert durch einigen Komfort – auf die Suche nach einem geeigneten Haus zu begeben. Während Katia die angebotenen Objekte besichtigt, absolviert Thomas mit Erikas Assistenz einige Vorträge in Schweizer Städten und sitzt, wieder einmal, an einem Hotelschreibtisch, um «die Arbeit» zu fördern. Nach kurzer Beschäftigung mit den frühen Kapiteln des Romans über den liebenswerten Hochstapler «Felix Krull» hatte er sich einer von Katia erzählten «Erinnerung» zugewandt: der Geschichte einer von der «Natur» zunächst «getäuschten», dann aber um die Erfüllung einer aufgrund dieser Täuschung gewagten neuen Liebesbeziehung «betrogenen» Frau.

Und dazwischen immer wieder neue Pläne, Hoffnungen, Enttäuschungen und Verluste. Nachrichten über das Sterben

ERLENBACH

alter Vertrauter: Alfred Neumann in Lugano, Hans Feist in Berlin, ein mit dem Tod ringender Emil Oprecht in Zürich relativieren die eigenen, zum Teil überwältigenden Erfolge mit Vorträgen und Lesungen aus der endlich doch wieder aufgenommenen Hochstapler-Geschichte.

Doch das eigentliche Problem bleibt. Die Frage nach einer geeigneten und dauerhaften Bleibe ist immer noch ungelöst. «Abends mit Erika über die Wohnproblematik, die mich fortwährend beschäftigt.» Was soll werden, nachdem sogar die Hilfe von Bundesrat Nobs kein befriedigendes Ergebnis brachte? «Apartment? Kommen lassen von Möbeln per Lift?» Neue Pläne werden erwogen: «Verbleiben im Waldhaus bis Ende November (inzwischen Vortragsreisen). Unabhängig vom Verkauf des kalifornischen Hauses Ankauf eines Grundstücks und Beauftragung eines Architekten mit dem Entwurf eines neuen. Im Winter Aufenthalt im Süden. Bestellung des Lifts nicht zu früh und nicht zu spät.»

Eine triumphal verlaufene Lesung des Kuckucks-Kapitels aus dem «Krull» in München, ein Gang durch die altvertrauten Anlagen, einprägsame Theateraufführungen, schließlich das offizielle Angebot: «Anstellung Bibi's» – des Bratschisten Michael –, «Wiederansiedelung in München in von der Stadt erstelltem Hause» … dem Heimatlosen ist das allem Gewesenen zum Trotz eine reizvolle Versuchung: «Meine geheime Halb-Neigung dazu», gesteht Thomas Mann im Tagebuch.

Katia besichtigt unterdessen Stadtwohnungen. Doch auch diese Angebote entsprechen den Wünschen in keiner Weise. Schließlich gibt Emmy Oprecht den entscheidenden Hinweis. «Verabredung mit ihr zur Wohnungsbesichtigung in

Erlenbach hinter Küsnacht» – gemeinsam mit dem Architekten Muhl, dem «Erbauer des in Aussicht genommenen Hauses an der Glärnischstraße». Trotz strömenden Regens und «verschlossener Aussicht» übertrifft der erste Eindruck alle Erwartungen: «Das Haus, nämlich die beiden oberen Etagen (das Kellergeschoß oder Flach-Parterre bleibt hausmeisterlichen Mietern überlassen) ist das, was wir gesucht haben, als Lage weit schöner als das ehemalige in Küsnacht, und praktischer, dabei neu. Wir waren einig in entschlossener Zustimmung.» Beim Tee wird mit dem «sympathisch-entgegenkommenden Architekten die Abmachung getroffen. Wir mieten die Stockwerke am 15. Dezember für 9.000 Franken, die Garage eingeschlossen. Ein Freundschaftspreis. Übergebung des Hausschlüssels.»

Geschafft! Wieder einmal angekommen! – «Ich lege Wert darauf, immer die Treppe hinauf zu fallen», hatte der Hausherr einst, aus Princeton, an den Freund Erich von Kahler geschrieben, und am Nachmittag des 29. Oktober 1952 scheint dieser Wunsch abermals in Erfüllung gegangen zu sein. «Wir haben auf der Höhe von Erlenbach, gleich hinter Küsnacht, zwei Stockwerke eines Hauses mit dem schönsten Blick über den ganzen Zürichsee hin gemietet», steht in einem Brief an den Freund Hans Reisiger vom 1. November 1952.

Was das für den heimatlos gewordenen Thomas Mann heißt, ist im Tagebuch nachzulesen, mit von ihm selbst vorgenommener Hervorhebung: *Bedeutender denkwürdiger Tag* in der Epoche meiner Aufzeichnungen seit Arosa 1933». Das ist ein Einschnitt. «Neunzehn Jahre seit wir München verließen, das wir eben wieder festlich besuchten. 14 Jahre

Amerika und nun Rückkehr in die Schweiz ‹zur Verbringung des Lebensabends›. Sind unterdessen allerdings zu alten Leuten geworden. Sehe aber doch dem Leben dort nahe Zürich, in bequemen Räumlichkeiten und einer meinem Herzen nahen Wald- und Wiesenlandschaft mit Vertrauen, fast jugendlicher Neuigkeitsfreude und selbst einiger Hoffnung auf Produktivität entgegen.»

Illusionen über die Schwierigkeiten der nächsten Wochen macht sich der neue Hausherr nicht: «Viel ist zu tun und beschaffen, die Herbeiholung dessen, woran uns in dem Californischen Hause gelegen ist, der Möbel und Büchermassen»; aber er hat präzise Vorstellungen, wie alles weitergehen wird: «Eine vorläufige Möblierung durch die Firma Pfister gratis gesichert. Mit dem Abtransport aus Pacific Palisades, der Zusammenstellung des Lifts soll Gret Moser» – Michaels Frau also – «unter Abkaufung ihres jobs» betraut werden.

So, oder doch so ähnlich geschieht es. – Im Familienkreis allerdings gibt es Kummer: Während Gret, Michael und Neffe Klaus Hubert Pringsheim in Pacific Palisades das Haus räumen, den «Lift» beladen und sich um den Verkauf des Hauses bemühen, stirbt in Florenz Medis Mann Giuseppe Antonio Borgese. Zudem herrscht Zwist unter den Geschwistern – ausgelöst meistens durch Erikas Verhalten, die ihre Trauer über den Tod des Bruders Klaus und das Ausbleiben interessanter Vortrags- und Verlagsangebote zunehmend durch Einnahme einiger «Heiterleins», das heißt aufmunternder Drogen, kompensiert und mehr und mehr zu einer oft rechthaberischen, zänkisch-frustrierten Frau wird.

Dennoch ist der Einzug in die – mit dem von der Firma Pfister gestellten Mobiliar ausgestattete – Traumwohnung am Heiligen Abend 1952 ein Ereignis, das Anlass zu Dankbarkeit und freudiger Hoffnung gibt: «Trafen gestern am späten Nachmittag im neuen Haus ein. Freundliches Abendwetter mit Stern. See und Berge gut zu schauen. [...] Teppiche und geliehene Möbel. Weihnachtsbaum im Wohnzimmer. Bücherschränke im Arbeitszimmer erfreulich.»

Noch aber fehlt der eigene Schreibtisch. Erst wenn er wieder seinen Platz gefunden hat, wird Thomas Mann wirklich zu Hause sein. Er wartet unruhig auf diesen Augenblick: «Die größte Wirrnis wird noch kommen, wenn der Tisch eintrifft.» Doch schon das solide Behelfsmöbel beglückt: «Es ist gut, wieder einen rechten Schreibtisch in besonderem Arbeitszimmer zu haben», selbst wenn es noch nicht der eigentliche ist.

Das lässt aufhorchen und bestätigt die Vermutung, dass Arbeit an provisorischen Arbeitstischen immer dann gelingt, wenn Thomas Mann sicher ist, in absehbarer Zeit wieder über den «Richtigen» verfügen zu können, wenn er weiß: «Er» wird kommen ... mit all seinen Gegenständen und Figuren, die den langen Lebens- und Arbeitsweg ihres Besitzers spiegeln und Zeugen sind für die Entstehung eines großen poetischen und essayistischen Werks. Dennoch ist die Installation des Alten im Neuen immer wieder ein besonderes, von vielen Erinnerungen geprägtes Erlebnis: «Merkwürdig genug wird es sein, unter all diesen Dingen nun hier zu leben.» – Erst die Bestellung von bedrucktem Briefpapier mit der neuen Adresse zeigt, dass man – wieder einmal – angekommen ist.

Anfang Januar 1953 annonciert die Spedition die Ankunft des «Lifts» aus Kalifornien. Die Damen nutzen die
Zeit, um die Fenster mit passenden Vorhängen zu versehen,
während Thomas Mann nur schwer zu produktiver Arbeit
zurückfindet und lieber mit dem Ausräumen des geliehenen
Schreibtisches beginnt: «Suchen und Auffinden des Heftes
über Schloß Benrath bei Düsseldorf», dem in der Novelle
von der «Betrogenen» eine wichtige Funktion zugedacht ist.
«Versorgung des Hochstapler-Materials, das so lange in der
Handmappe herumgeführt wurde, in Schubladen der neuen
Bücherei. Hoffentlich liegt es bald wieder in der eigenen
Schreibtisch-Schublade.»

Nun, der Wunsch erfüllt sich bald. Dennoch gibt es Ärger
und Enttäuschungen. Die aus dem Umzugs-Durcheinander
zurückkehrende Katia berichtet, es habe sich herausgestellt,
dass man die alten Bücherschränke, «unsere würdigste
Habe», nicht stellen könne, weil die Zimmer nicht, wie der
Architekt versichert hatte, drei, sondern nur etwas über
zweieinhalb Meter hoch seien: «Zorn auf den Lügner.» Immerhin aber sind Schreibtisch und Kandelaber unversehrt.
Das versöhnt: «Gewiß ist die Fertigstellung der ‹Betrogenen› wichtiger als die Schränke. Aber für die Bücher ist nun
auch erst durch den Schreiner Raum zu schaffen.»

Doch eine Woche später ist der Ärger vergessen. In
Erlenbach präsentiert sich – «dank Erikas unermüdlicher
Arbeit» – alles «so schön wie vorläufig möglich»: «Wohnzimmer mit dem Flügel. Eßzimmer mit den Kandelabern,
dem kalifornischen Buffet und Silber darauf. In meinem
Vorsaal noch ein Chaos lagernder Bücher.» Das «Wiedersehen mit sovielen Dingen» beglückt: «Schreibtisch, Stühle,

Bett, Liege- und Schaukelstuhl im Schlafzimmer. Die hohe Kommode, auf die ich die Schweizer Pendüle stellte. – Bilder an den Wänden.» Das Eigentliche aber steht noch aus: «Die phantastische Arbeit des Auspackens des Schreibtisches», dessen Bild Thomas Mann «genau nach altem Muster» wieder herstellt. In den Schubladen finden das Manuskript des Hochstapler-Romans und die dazugehörigen Materialien ihren Platz. Es ist alles wieder so, wie es immer war ... Vielleicht nicht ganz, aber doch, was das Wesentliche betrifft.

Die Zeiten fließen ineinander: Wie einst in München, dann in Küsnacht, Princeton und Kalifornien am Schreibtisch sitzend zieht der nach Europa heimgekehrte Schriftsteller Bilanz. «Habe wieder vor mir den siamesischen Krieger mit der schönen Schulterlinie und die Münchener Empire-Leuchter. Die Münzen und der große chinesische Aschenbecher an ihren alten Plätzen. Elephantenzahn, Falzbeine von 1935, Briefe mit Pflanzenabdruck in Schiefer und den anderen Steinen beschwert.»

Erst jetzt, so scheint es, ist Thomas Mann wirklich angekommen. Doch schon am Abend des so glücklich begonnenen Tages stellen sich die ersten Unannehmlichkeiten ein: Die richtige Ordnung der Bücher macht Schwierigkeiten. Sohn Golo, der vor zehn Jahren, beim Einzug in das Traumhaus am San Remo Drive, das Sortieren übernommen hatte, ist in Kalifornien zurückgeblieben und schreibt höchst pessimistische Briefe über die politischen Zustände dort, die jeden Gedanken an eine Rückkehr von vornherein verbieten. Die jungen Schweizer Hilfskräfte aber sind ohne genaue Anweisung der Büchermenge kaum gewachsen.

Doch das sind Lappalien. Schlimmer ist, dass das kalifornische Sofa im Erlenbacher Arbeitszimmer neben dem Schreibtisch keinen Platz mehr findet und sich die nur mit einem Sessel ausgestattete «Leseecke beim schmalen Fenster», auch «nach Wandteppich und Vorhang», als kalt und zugig erweist. Das trübt die Stimmung erheblich und führt schon am Ende des ersten Abends zu einem traurigen Fazit: «Fühlte mich unglücklich und komme von der Erinnerung an die Vorzüge und Bequemlichkeiten des kalifornischen Hauses nicht los.»

Es scheint, als habe erst das Eintreffen des eigenen Hausrats dem Amerika-Flüchtling bewusstgemacht, was er aufgegeben hat. Erst angesichts des Vertrauten wird deutlich, wie viel noch fehlt, um ein mit dem Zurückgelassenen auch nur von fern vergleichbares heimatliches Ambiente zu schaffen. Das Wohnzimmer verlangt «dringend nach ein paar Fauteuils», der Empire-Stuhl muss geleimt werden, und auch der Schreibtisch ist reparaturbedürftig. So war es zwar bei jedem Umzug gewesen, aber zumindest in Kalifornien hatten die Annehmlichkeiten des Klimas und die Gewissheit, nach einem langen Weg endlich in einem Haus arbeiten zu können, das die Wünsche und Träume eines ganzen Lebens erfüllt, die Unbilden überwogen. In Erlenbach aber herrscht europäischer Winter, und der «wilde, grausige», alle Ritzen durchdringende Schneesturm ist nicht dazu angetan, die Stimmung zu heben. Zudem monieren Katia und Erika gewisse Passagen der «Frauengeschichte».

«Es fehlt an Hilfe, an Kräften» klagt ein entnervter Hausvater. Das trifft sicherlich zu. Andererseits fehlt es aber auch nicht an Ehrungen und offiziellem Entgegenkommen: Die geistig-literarische, gelegentlich sogar die politische Welt Europas empfängt den Heimkehrer mit Stolz und auszeichnenden Einladungen. Der französische Außenminister überreicht das Kreuz der Ehrenlegion, dessen Rosette der Geehrte fortan stets im Knopfloch tragen wird. (West-) Deutschland erbittet die Gedenkrede anlässlich des 90. Geburtstages von Gerhart Hauptmann in Frankfurt, Oxford verleiht das Ehrendoktorat – eine sehr seltene Auszeichnung für einen bereits in Cambridge Promovierten –, die angeblich so kühlen Hamburger danken für die «Krull»-Lesung im restlos überfüllten großen Saal der Musikhalle mit nicht enden wollenden stehenden Ovationen: «Demonstrative Festlichkeit sondergleichen». Schließlich ermöglicht die Accademia Lincei zu Rom sogar die ersehnte Privataudienz bei Papst Pius XII.

Doch die Arbeit am Schreibtisch wird, allen Ehrungen und allen Erlenbacher Schwierigkeiten zum Trotz, fortgesetzt, die Erzählung von der «Betrogenen» abgeschlossen, ein sorgfältig im Sinne einer biographischen Rechenschaft zusammengestellter Essay-Band, «Altes und Neues», publiziert und schließlich auch der Hochstapler-Roman wieder aufgenommen. In Thomas Manns Leben geht nichts verloren. Der Schreibtisch bewahrt die Entwürfe und Manuskripte über die Jahrzehnte hinweg. Die Vorlesungen aus den fast ein halbes Jahrhundert alten Kapiteln des «Krull»-Romans übertreffen in ihrer Wirkung alle übrigen, längst zum Alltag gehörenden Erfolge. Doch nicht einmal das vermag die resignative Grundstimmung aufzuhellen. Der Gedanke an das kalifornische Haus mit der schreibfreundlichen Kombination von Schreibtisch und geblümter

Sofaecke löst stets aufs Neue «wahre Schmerzensanfälle» aus.

Die Unverhältnismäßigkeit von Anlass und Reaktion gibt zu denken. Könnte es sein, dass die Erinnerung deshalb so schwer und schmerzlich ist, weil sie einem alt gewordenen Schriftsteller den Abstand zwischen dem Einst und dem Jetzt konkret vor Augen führt? Dann stünde das kalifornische Arbeitszimmer samt Schreibtisch und Sofaecke für eine Epoche der Kreativität, von der es nun, in Europa, Abschied zu nehmen gilt. «Sehnsucht nach der Zeit, als ich in meiner Sofaecke an dem [‹Faustus›-] Roman, dann am ‹Erwählten› schrieb», heißt es am 4. Juli 1953 im Tagebuch. «Werde das Haus in Pacific Palisades nie verschmerzen und hasse dieses hier.» Wenn dem wirklich so ist, bekommt auch die Klage um die verlorenen kalifornischen Arbeitsbedingungen eine neue Bedeutung, denn sie gilt eigentlich dem, was dort – und hier nicht mehr – entstehen konnte: dem Werk. Der Schreibtisch mit all seinem Zubehör bekommt – auch wenn er wieder in einem durchaus angenehmen Arbeitszimmer steht – noch einmal eine neue, letzte Bedeutung. Er ist nicht mehr Ort gelingender Hervorbringungen, sondern Sinnbild verlorener Schaffenskraft. Die produktiven Gedanken haben sich weit von ihm entfernt. Sie sind, wie der Autor beklagt, «rückwärts gewandt und richten sich vorwärts [lediglich] auf makabre und zweifelhafte Feierlichkeiten».

Das Verlustgefühl ist so stark, dass es auch mit dem herrlichen Ausblick auf den See und die Berge nicht kompensiert werden kann. Das Tagebuch zeigt: Es fehlt das geblümte Sofa, in dem sich, den Schreibtisch stets vor Augen, auch mit körperlichen Einschränkungen arbeiten ließ. Das praktische

Pulttischchen für die Sofaecke, an dem so gut zu schreiben war, ist auf dem Empire-Stuhl nicht zu brauchen, und das ständige gebückte Sitzen am Schreibtisch ermüdet.

Die gleichen Aufzeichnungen zeigen aber auch, dass Thomas Mann sich seiner eigentlichen Krise durchaus bewusst ist, auch wenn er sie, fast zwanghaft, stets auf die unzureichenden Arbeitsmöglichkeiten im Erlenbacher Haus zurückführt. «Die Vernunft [...] sagt mir, dass mein Zustand heute dort» – gemeint ist: am San Remo Drive – «wohl nicht besser wäre, als hier. Die Arbeitskrise bestand dort auch. Werde aber den Gedanken an die Gunst der dortigen Wohnverhältnisse, an Wohn- und Arbeitszimmer, die Waschtoilette am Fuß der Schlafzimmertreppe etc. nicht los.»

Solchen Gedanken gegenüber haben freundliche Eindrücke, die es gelegentlich durchaus gibt, keine Chance. «Prächtiger Blick. Der Platz übertrifft weit den in Pacific Palisades, und wäre nicht die Enge des Wohnzimmers –.» Der mitten im Satz abgebrochene Eintrag allein zeigt, wie wenig Raum den geographischen Vorzügen im Seelenhaushalt des Hausherrn zugemessen wird. Erlenbach, das gemietete, zweifellos herrlich gelegene Haus in der Glärnischstrasse, mit dem unübertrefflichen Blick auf den See und die Berge, bleibt Symbol für einen Zustand, den Thomas Mann niemals in seinem Leben annehmen konnte: Abstieg, Minderung des gewohnten Lebensstandards. Erlenbach, das hieß für ihn: Er war die Treppe herab- und nicht, wie einst in Princeton (wo er, wie in Erlenbach, doch auch nur «zur Miete» wohnte), hinaufgefallen. Gegen dieses Gefühl der «Degradierung» aber halfen auch keine nachträglichen Verbesserungen, wie etwa der Erwerb neuer Kerzen für die Schreibtischleuchter. Das Unerträglich war, dass der Schreibtisch selbst in einem Arbeitszimmer stand, in dem er nicht zu angemessener Geltung kommen konnte und in dem – was fast schlimmer wog – auch das kalifornische Sofa keinen Platz mehr fand.

Kilchberg.
Die letzte Adresse

Es verwundert kaum, dass bereits vor Ablauf des ersten Erlenbacher Jahres erneut die Suche nach einer angemesseneren Bleibe beginnt. Sie erweist sich als schwierig. Die Grundstücke am Zürcher See sind selbst für einen Thomas Mann unerschwinglich: «Es herrscht hier ein Grundstücks-Wucher, von dem man sich dégoûtiert abwendet», heißt es in einem Brief an Robert Faesi im November 1953. Die Villen in der Westschweiz oder dem Tessin sind kaum günstiger. Eine Zeitlang scheint es gar, als sei Thomas Mann bereit, um einer größeren Bequemlichkeit willen die Ansprüche an Lage und Ausblick zurückzustellen: «Wenn ich ein geräumiges, bequemes Haus habe, in dem ich wirklich heimisch werden kann, ist es mir im Grunde gleichgültig, wo es steht.» – «Ein geräumiges Wohnzimmer! Ein Arbeitszimmer mit Platz für ein Sofa! Ein eigenes Bad bei meinem Schlafzimmer»: Das ist es, was er braucht, um seinem Selbstbild zu genügen. Weniger ist undenkbar. Und so wird denn auch erst nach dieser Aufzählung der Wunsch ausgesprochen, genügend Raum für eine übersichtliche Aufstellung der Bücher zu gewinnen.

Dafür aber tritt das Verlangen, im deutschen Sprachraum, ja, wenn irgend möglich, in Zürich zu bleiben, wieder stärker in den Vordergrund. «Wir waren schon nahe daran, uns nach Vevey-Montreux zu wenden, waren wiederholt dort.

Aber es ist zu öde da, und ich hänge an Zürich. Jetzt sind wir im Begriff, ein geräumiges Haus hier in der Nähe zu kaufen», in dem sich dann – hoffentlich – auch die «erwünschte endgültige Geborgenheit und feste Ordnung» wieder einstellt, heißt es in einem Brief an Erich von Kahler.

In der Tat hat Katia Mann inzwischen von einem Haus am Ufer der Zürichsee gehört, das die Erfüllung all dieser Wünsche verspricht. Allerdings liegt es nicht an der «Goldküste», sondern, Küsnacht gegenüber, in Kilchberg. Die erste Inspektion am 8. Januar 1954 hinterlässt dennoch einen günstigen Eindruck. Die Frage ist nur, ob es genügend Stellwände für die Bibliothek haben würde. Ein weiterer Besuch, vier Tage später, gemeinsam mit Medi, Golo und der Verlegersfrau Emmy Oprecht, zerstreut dieses Bedenken. Am 28. Januar wird der Kaufvertrag unterschrieben: «Das Haus in Kilchberg ist gekauft, und am 1. April wollen wir einziehen. Alte Landstraße N° 39. Ein hübsches Haus und meine definitiv letzte Adresse.» Thomas Mann ist tief beglückt: «Ein Datum ohne Zweifel in diesen Aufzeichnungen seit 1933», notiert er in sein Diarium. «Ich glaube, wir tun das Richtige und Vernünftige.»

Die nötigen Umbau- und Ergänzungsarbeiten werden zügig in Angriff genommen, und nach der Rückkehr von einer völlig missglückten, durch schlechtes Wetter und Krankheit getrübten Sizilienreise beschließt das Ehepaar, Ende März ins Waldhotel Dolder zu übersiedeln. Katia wird jeden Morgen nach Kilchberg fahren und mit Erikas Unterstützung den Umzug beaufsichtigen … wenn denn alles gutgeht, bis dahin. Katia und Thomas sind gesundheitlich in schlechtem Zustand, und Erikas Befinden gibt – wieder einmal – Anlass zu wirklicher Besorgnis: «Schmerzlich die Reizbarkeit Erikas, ihre Eifersucht auf Medi, und daß Katia oft unter ihrer leidenschaftlichen Schwierigkeit, Übertreibung, Hypochondrie zu seufzen hat. Sie sollte Stütze sein, ist es auch oft, aber für Katias Gemüt ebenso oft eine Belastung», notiert der unter der Missstimmung leidende Vater.

Doch auch diese Krise wird überstanden. Erika fährt bis zum Monatsende nach Ascona und kehrt erst kurz vor dem Umzug zurück. Am Tag, da die Packer die Bibliothek «in Kisten verstauen», bringt sie ihre Eltern noch einmal ins Dolder. Thomas Mann protokolliert, dass er das Erlenbacher Haus «ohne Wehmut» verlassen, sich im Hotel «installiert» und den provisorischen Schreibtisch eingerichtet habe. Der richtige «ist vom Schreiner zur Überholung abgeholt worden, unter Zurücklassung der gefüllten Schubladen». Und wenn auch nicht alles ohne Ärger vor sich geht, so klingt das Fazit nach zwei Tagen dennoch hoffnungsvoll: «Es läßt sich an, alsob wir in 8 Tagen ins Haus ziehen könnten, wenn auch von dort aus […] noch manches zu tun sein wird.»

Während der neue Hausherr am Hotelschreibtisch mit der Fortsetzung seines Jugend-Romans über den Hochstapler Felix Krull beginnt und am Alten bessert, erstehen Katia und Erika einen «schönen, schwarz-roten Teppich» für das Arbeitszimmer in Kilchberg. Im Tagebuch fragt Thomas Mann, ob sich «der ganze Aufwand eigentlich noch lohnt», und kommt zu dem Ergebnis, dass «der Gang der Dinge wohl seine Notwendigkeit» habe.

Am 15. April, Gründonnerstag, ist es so weit. Der Eindruck des neuen – und, das ist wichtig, endlich wieder eigenen! – Hauses ist fast beängstigend positiv: «Es ist entschieden angenehm und erfreulich, nicht herausfordernd, aber anständig und bequem. Die Kombination meines Arbeitszimmers mit der Bibliothek ausgezeichnet.» Kleine Mängel und Unvollkommenheiten werden freundlich registriert, ohne die Zustimmung zu schmälern: «Manches ist noch zu ordnen, zu vervollständigen, zu richten. Aber alle Bedingungen recht günstig, und ich habe wieder, wie in Californien, ein eigenes Badezimmer. Bewegend, vor und nach Tische wieder auf meinem Sofa aus Pacific Palisades zu sitzen. Ruhte von 4 ½ bis 5 ½ wieder in meinem Stuhl. Schlaf- und Arbeitszimmer unvergleichlich besser und geräumiger als in Erlenbach.»

Bereits am nächsten Morgen wird, obwohl Karfreitag ist, die Arbeit wieder aufgenommen: «Schrieb nach alter Art in der Sofaecke das Kapitel von Eleanor und dem Lord zur Zufriedenheit zuende.» – «Schrieb ... in der Sofaecke», das heißt: Nicht mehr nur, wie in der Jugend, am Schreibtisch, sondern, dem Alter angemessen, manchmal auch in den bequemen Polstern sitzend, ein Dach über dem Kopf, auf den Knien das fest in die harte Unterlage gespannte, glatte weiße Papier. Allein die Rückkehr in die Geborgenheit garantiert den Arbeitserfolg: «Schrieb ... zur Zufriedenheit»: Das hatte es lange nicht mehr gegeben.

Und der Schreibtisch? – Von ihm ist – bis zum Tod am 12. August 1955 – kaum noch die Rede. Nicht einmal die Anordnung der vertrauten Gegenstände auf der neu hergerichteten Arbeitsfläche wird erwähnt – obwohl es doch kaum denkbar ist, dass Thomas Mann diese ihm für eine Wieder-Beheimatung so wichtige Tätigkeit einem anderen überlassen hätte. War die geographische Entfernung zwischen Erlenbach und Kilchberg trotz des dazwischenliegenden Sees zu gering, das Wiederherstellen des alten Bildes zu selbstverständlich, um eigens erwähnt zu werden? War die Interimszeit zu kurz gewesen, oder war die Notwendigkeit, an fremden Schreibtischen zu arbeiten, bereits in den letzten amerikanischen Jahren, als die Rückkehr ins Eigene nicht mehr gefährdet war, längst zur Gewohnheit geworden? War sie nichts Bedrohliches mehr, sondern Folge einer in Sicherheit getroffenen freiwilligen Entscheidung?

Seit der Etablierung im neuen Erdteil, spätestens aber seit dem Einzug ins eigene Haus am San Remo Drive wusste Thomas Mann, dass ihm sein Schreibtisch nicht mehr verlorengehen konnte. – Ohne diese Gewissheit hätte er Amerika nicht verlassen können, und die Erkenntnis, dass es im Erlenbacher Haus keinen angemessenen Platz für die ihm lieb und unentbehrlich gewordene Kombination von Schreibtisch und Sofa gab, war der wesentliche Grund für den späten Entschluss, sich doch noch einmal nach einem neuen Domizil umzusehen. Er hatte es gefunden, und während er jetzt, für die Zeit des Umzugs, mit Gelassenheit am Provisorium arbeitete, hatte er in Gedanken dem «Richtigen» längst seinen Platz im Kilchberger Arbeitszimmer zugewiesen.

Ja, für Thomas Mann war ein Arbeitszimmer ohne angemessenen Raum für «seinen» Schreibtisch so wenig denkbar wie die Vorstellung, ihn notfalls auszutauschen gegen ein neues, den Proportionen des Vorgegebenen angepasstes Ensemble. Allein das Wissen um das Wieder-Dasein des vertrauten Möbels, das seinen Besitzer im bewegten Vierteljahrhundert zwischen 1930 oder '31 und dem 12. August

1955 über zwei Kontinente und den Atlantischen Ozean hinweg bis an die pazifische Küste und wieder zurück an den Zürichsee begleitet hatte, machte das Arbeitszimmer zum Garanten abermaliger, jetzt definitiver Beheimatung und kontinuierlicher Schaffenskraft. Auch das kalifornische Sofa ist als Ort kreativen Arbeitens nicht denkbar ohne sein Gegenüber, den stets erreichbaren Schreibtisch. Erlenbach konnte nicht Heimat werden, weil Schreibtisch und Sofa in getrennten Räumen standen.

Dennoch ist unübersehbar, dass die Schaffenskraft von Thomas Mann auch unter den idealen Arbeitsbedingungen des Kilchberger Hauses nachlässt. Das Tagebuch registriert minutiös und voll Verzweiflung die Diskrepanz zwischen dem rapide wachsenden Renommee und dem Mangel an Hervorbringungskraft. «Wie werde ich das anbrechende Jahr einigermaßen produktiv verbringen?», lautet die bange Frage am Abend des 79. Geburtstags. «Wie raffe ich mich noch einmal zu künstlerischen Unternehmungen auf?» Es droht das «And my ending is despair». Die noch in Erlenbach, kurz vor dem Umzug, unter Berufung auf die mehrbändige «Joseph»-Geschichte etwas plötzlich beendeten und als «erster Band» annoncierten «Bekenntnisse des Hochstaplers Felix Krull» bleiben trotz des großen Publikumserfolges für ihren Autor ein Werk, vor dem er «keine Achtung habe», und neue Pläne wie das Luther-Erasmus-Projekt wollen sich, trotz intensiver Arbeit, nicht zu einer überzeugenden Konzeption fügen. Die Kraft zur «Composition und Gestaltung» scheint endgültig verloren: «Mir ist, alsob mir schon etwas geholfen wäre, wenn ich den rechten Titel dafür fände. Aber tatsächlich fehlt es an Lust zum Fleiß.»

Und selbst wenn Thomas Mann schließlich einen Titel notiert – «Luthers Hochzeit. Dramatische Studie von T. M.», vermerkt das Tagebuch vom 5. März 1955 –, bleibt doch die andauernde Klage um die fehlende Lust zum Fleiß. So durchzieht die immer wieder abgewehrte Erkenntnis der nachlassenden Kräfte – begleitet von der bangen Frage «Was dann?» – die Aufzeichnungen der letzten Jahre ... und bezeugt gerade durch dieses Eingeständnis die künstlerische Unbestechlichkeit und den Mut eines Autors, der allem zur Schau getragenen und oft peinlich anmutenden Selbstbewusstsein zum Trotz seine Angewiesenheit auf fremde Einfälle und Gedanken sowie auf Hilfe und Kritik, nicht zuletzt von Tochter Erika, sehr wohl kannte. Ohne Erika, das ist aus den Tagebuchaufzeichnungen unschwer ablesbar, wären weder «Die Betrogene» noch der «Krull» und schon gar nicht die Schiller-Rede in ihrer gültigen Form zustande gekommen.

Diese letzte entscheidende Herausforderung, die Wiederholung der 1949 usurpierten Rolle als Sprecher eines die Trennung der Nation überwindenden europäischen Geistes, konnte Thomas Mann 1955, im Zeichen Schillers, nur bestehen, weil es Erika mit Fleiß und Hingabe gelang, aus den Impressionen, Einfällen und Manuskriptteilen ihres Vaters die erwartete Rede herauszudestillieren.

Der große Erfolg dieser Rede, die bejubelten Lesungen aus der Hochstapler-Geschichte, die vielen auszeichnenden Ehrungen: Verleihung des ersehnten Pour le mérite, Ehrenbürgerschaft der Vaterstadt, der 80. Geburtstag, der Königliche Empfang in Holland, schließlich die erste Gesamtausgabe im Ost-Berliner Aufbau-Verlag, die noch einmal das

Geleistete eindrucksvoll und beruhigend zugleich präsentiert – all das hilft, das Nicht-mehr-Leistbare erträglich zu machen. Eine schöne Arbeit des ostdeutschen Bildhauers Gustav Seitz festigt die Hoffnung, nicht vergessen zu werden in einem Land, das dem weltweit Geehrten geistige Heimat bleibt: «Nachdenken über die Aufstellung meiner Büste in Stein auf einem städtischen Platz in Deutschland. Dauer in Sonne, Regen und Schnee. Eigentümlich beruhigend über den Tod und die Existenz festigend. Tod, wo ist dein Stachel.»

Und der Schreibtisch? – «Groß und verläßlich», wie Erika Mann ihn in ihrer Darstellung des Princetoner Arbeitszimmers beschrieben hat, steht er sechzehn Jahre später wieder in Kilchberg und macht diesen letzten Lebensort für Thomas Mann noch einmal zur Heimat. Die Tagebücher bezeugen ein stetiges Sich-Mühen am vertrauten Ort, das nach wie vor die Tage strukturiert. Neben den vielen Entwürfen, die der um Arbeitslust ringende Schriftsteller skizzierte, wurden auch sie, denen wir die Kenntnis von Glück und Verzweiflung des letzten Kilchberger Lebensjahres verdanken meistens an dem vertrauten Möbel niedergeschrieben.

Doch erscheint der reale Nutzen sekundär gegenüber der viel weiter reichenden Bedeutung, die jener Arbeitstisch für den über Nacht zum Emigranten, das heißt ort-los gewordenen Schriftsteller besaß. In dem Augenblick, da der vertraute Arbeitstisch mit allem Zubehör wieder in einem angemessenen, dem Schreiber zusagenden Ambiente stand, wurde die Fremde zur Heimat und der Emigrant Thomas Mann zum Neubürger, der bestrebt war, diesem Status – wie einst in München – durch den Erwerb oder den Bau eines

eigenen Hauses Dauer zu verleihen. Bei jedem Ortswechsel
wird das liebgewordene Gebrauchsmöbel Schreibtisch zum
Symbol des ungebrochenen sozialen und künstlerischen
Ansehens seines Besitzers. Für den Heimatlosen transportiert der Schreibtisch Geschichte, die allein das Bewusstsein des eigenen Wertes im Fremden gewährleistet. Thomas
Mann war sich dessen bewusst, als er mit fast traumwand-
lerischer Sicherheit schon so bald nach seiner Nicht-Rückkehr beschließt, den Schreibtisch aus München holen zu
lassen ... Garant und sichtbarer Zeuge einer oft schwierigen
Bedingungen abgerungenen Pflichterfüllung und einer Le-
bensleistung, mit der sich sein Besitzer in das Bewusstsein
der literarisch-politisch empfänglichen Welt eingeschrieben
hat.

Er gäbe nichts von dem verloren, was ihm wichtig gewesen sei im Leben, hatte Thomas Mann 1935, während der
ersten Überfahrt von Europa nach Amerika, dem aus Überzeugung in NS-Deutschland zurückgebliebenen einstigen
Freund Ernst Bertram geschrieben. Der mit allen über die
Jahre hinweg gesammelten Erinnerungsstücken gerettete
Schreibtisch bezeugt es noch heute aufs schönste. Er steht
seit 1961, zusammen mit Originalmöbeln des Kilchberger
Arbeitszimmers und der Bibliothek, im Gedenkraum des
Zürcher Archivs im Bodmer-Haus. Man kann ihn dort
zu bestimmten Zeiten völlig ungestört anschauen und sich
seine eigenen Gedanken machen über die verwunderlich-
bemerkenswerte Tatsache, dass ausgerechnet ein Mann zum
Sprecher der deutschen Emigration wurde, dem gelang, was
keinem seiner vertriebenen Kollegen vergönnt war: den eigenen Schreibtisch mitzuführen von München nach Zürich,

KILCHBERG

über den Atlantik nach Princeton und weiter, quer durch
den amerikanischen Kontinent, nach Kalifornien, schließlich von Pacific Palisades zurück an den Zürichsee, zuerst
nach Erlenbach und dann nach Kilchberg.

Nachschrift.
Ein Brief vom Schreibtisch
Thomas Manns

Während der Arbeit am letzten Kapitel dieses Buches starb mein Mann, Walter Jens. Er gab mir einst die frühen Novellen Thomas Manns, die «Buddenbrooks» und den «Zauberberg» zu lesen, den er während des ganzen Krieges immer bei sich getragen hatte. Später erzählte er mir, dass er 1944 als Freiburger Student vor einem Kreis von Kommilitonen einen Vortrag über deutsche Literatur gehalten habe, der mit den Worten schloss: «Auf Wiedersehen, Thomas Mann, du großer deutscher Dichter.» «Das war unverantwortlich leichtsinnig», sagte er, «aber es hat mich keiner denunziert.»

Thomas Mann blieb einer seiner drei Hausheiligen. Die anderen waren Fontane und Heinrich Heine. Ihre Portraits – gezeichnet von Max Liebermann, Marino Marini und Horst Janssen – hängen seit über 50 Jahren an der Längswand unseres Wohnzimmers, der Fensterfront gegenüber. Ich lernte, seine Liebe zumindest teilweise zu verstehen.

Als ich den Auftrag bekam, in der Nachfolge von Peter de Mendelssohn Thomas Manns Tagebücher zu edieren, war mein Mann mindestens so glücklich wie ich. Und als ich beschloss, den Schwerpunkt meiner Kommentierung weniger auf die literarischen als auf die historischen Sachverhalte und Probleme zu konzentrieren, stimmte er mir zu. Er war kein Archivar und kein Editor, aber er interessierte sich für meine «Funde». Er war – hierin Thomas Mann nicht unähnlich – ein neugieriger Mensch. Mir wiederum kam seine intime Kenntnis des Werks sehr gelegen. Es war ein äußerst anregender und fruchtbarer, wenn auch nicht immer konfliktfreier Dialog, den wir über die Zeit meiner nahezu zehnjährigen Arbeit führten.

Im Frühjahr 1955 – einer Zeit, da ich vorwiegend mit unserem kleinen Sohn und dem Haushalt beschäftigt war – erschien bei Rowohlt in Hamburg der dritte Roman meines Mannes: «Der Mann, der nicht alt werden wollte». Diesmal machte der Autor wahr, was er sich seit den Anfängen seiner literarischen Tätigkeit vorgenommen hatte: Er schickte das Buch mit einem Begleitbrief an Thomas Mann nach Kilchberg. Die Antwort kam erstaunlich schnell. Ich war bei meinen Eltern in Hamburg, als sie eintraf. Mein Mann rief mich sofort an und las mir den Brief vor. Zuerst den Absender: Alte Landstrasse 39, Kilchberg am Zürichsee. Als ich heimkam, zeigte er beides: auch den Umschlag.

Der Brief war mit der Maschine geschrieben, aber eindeutig handschriftlich korrigiert. Ich habe es später, als ich durch die Arbeit an den Tagebüchern gelernt hatte, die Schrift ohne Schwierigkeiten zu lesen, überprüft. An den Umschlag kann ich mich nicht mehr erinnern. Er ist im Laufe der Zeit verlorengegangen. Ich müsste in Berlin nachfragen. Mein Mann hat den Brief nach einiger Zeit dem Archiv seiner Akademie der Künste geschenkt und für sich selbst nur eine Photokopie behalten, die ich jetzt, bei der Durchsicht seiner Hinterlassenschaften, wiederfand.

Von wo aus mochte er diktiert, an welchem Tisch und von wem geschrieben worden sein? … Fragen, die ich mir damals nicht gestellt habe, die mich aber jetzt, mit dem Schreibtisch Thomas Manns beschäftigt, interessierten. Ein professioneller Sekretär schied aus. Das Schreiben wäre vermutlich nicht so korrekturbedürftig gewesen wie das, was vor mir lag. Aber die lange Arbeit mit den Tagebüchern hatte mich auch mit Katia Manns Tippfähigkeiten vertraut gemacht, und ich bin sicher, dass sie die Antwort an meinen Mann «aufnahm» und anschließend Thomas Mann den Brief – wie es seine Art war – am Schreibtisch sitzend korrigierte und «ausfertigte». Deshalb sei er – als «Zugabe» sozusagen – zum Schluss meiner Meditiationen über Thomas Manns Schreibtisch hier dokumentiert.

31. März 1955

Sehr verehrter Herr Doktor Jens,

Seit Dr. Wolfradt mir Ihren Roman «Der Mann, der
nicht altern wollte» schickte, hatte ich unter der Nachwirkung einer schweren Virus-Infektion zu leiden und
musste dabei viel arbeiten. So kam ich erst nach längerer
Zeit dazu, mich mit Ihrem Werk zu beschäftigen, erst dann,
als dem vorläufigen Leseexemplar das schön gebundene
Buch folgte.

Verzeihen Sie die Verspätung meines Dankes, zu
dem doch so viel Anlass ist. Ich habe viel zu verarbeiten,
aber unter dem Lesestoff, der mir in letzter Zeit vor Augen
kam, spielt Ihr Buch entschieden eine hervorragende Rolle.
Es ist ein merkwürdiges Erzählwerk und als Experiment
sehr reizvoll: wie der ganze Roman, der einen immer mehr
einspinnt, gleichsam analytisch vom Ende her entwickelt ist
durch die im Ton vorzüglich getroffenen Aufzeichnungen
des alten Germanisten.

Man fragt sich freilich manchmal, ob die Bedeutung des
Helden, den der Biograph immer seinen «Freund» nennt,
obwohl er den jungen Menschen kaum gekannt, das leidenschaftliche Interesse rechtfertigt, das die letzten Lebensjahre des Professors vollständig ausfüllt, und ob sie des Auf-
wandes an Kunst und verwickelter Komposition wert ist, die
der eigentliche Autor daran gewandt hat. Aber Tatsache ist,
dass diese Frage verloren geht kraft der völligen Realisie-

rung, die Sie seiner Figur zu geben gewusst haben, auch durch die Anführungen aus seinen Werken und besonders zum Schluss noch durch die beiden fingierten Nachworte, die so real wirken, dass tatsächlich mancher naive Leser das Ganze nicht für Dichtung, sondern für Wahrheit halten mag. Lassen Sie sich zu dem ungewöhnlichen Werk aufrichtig und respektvoll beglückwünschen.

Ihr sehr ergebener

Thomas Mann

THOMAS MANN   KILCHBERG AM ZÜRICHSEE
                                     ALTE LANDSTRASSE 39
                                   31. März 1955

Sehr verehrter Herr Doktor Jens,

      Seit Dr. Wolfradt mir Ihren Roman"Der Mann,der nicht
altern wollte" schickte,hatte ich unter der Nachwirkung einer
schweren Virus-Infektion zu leiden und musste dabei viel arbeiten.
So kam ich erst nach längerer Zeit dazu,mich mit Ihrem Werk zu beschäftigen,erst dann,als dem vorläufigen Leseexmplar das schön gebundene Buch folgte.

      Verzeihen Sie die Verspätung meines Dankes,zu dem
doch so viel Anlass ist. Ich habe viel zu verarbeiten,aber unter dem Lesestoff,der mir in letzter Zeit vor Augen kam,spielt
Ihr Buch entschieden eine hervorragende Rolle. Es ist ein merkwürdiges Erzählwerk und als Experiment sehr reizvoll;wie der ganze
Roman,der einen immer mehr einspinnt,gleichsam analytisch vom Ende
her entwickelt istdurch die im Ton vorzüglich getroffenen Aufzeichnungen des alten Germanisten.

     Man fragt sich freilich manchmal,ob die Bedeutung des Helden,
den der Biograph immer seinen Freund nennt,obwohl er den jungen
Menschen kaum gekannt,das leidenschaftliche Interesse rechtfertigt,
das die letzten Lebensjahre des Professors vollständig ausfüllt,
und ob sie des Aufandes an Kunst und verwickelter Komposition wert
ist,die der eigentliche Autor daran gewandt hat. Aber Tatsache
ist,dass diese Frage verloren geht kraft der völligen Realisierung,
die Sie seiner Figur zu geben gewusst haben, Auch durch die
Anführungen aus seinen Werken und besonders zum Schluss noch

durch die beiden fingierten Nachworte,die so real wirken,dass tatsächlich mancher naive Leser das Ganze nicht für Dichtung,sondern
für Wahrheit halten mag. Lassen Sie sich zu dem ungewöhnlichen
Werk aufrichtig und respektvoll beglückwünschen.

Ihr sehr ergebener

V 3

ZITATNACHWEISE

In den folgenden Nachweisen werden Kürzel verwendet; die vollstän-
digen bibliographischen Angaben sind dem Literaturverzeichnis zu
entnehmen. Die Tagebücher Thomas Manns werden mit dem Kürzel
«TB» und der Angabe des Datums zitiert. Thomas Manns Briefe werden
zumeist nach der dreibändigen, von Erika edierten Ausgabe zitiert, als
«Br. I», «Br. II» oder «Br. III»; der Briefwechsel mit Agnes E. Meyer als
«Meyer-Briefe». Bei den Werken Thomas Manns wird die dreizehnbän-
dige Ausgabe von 1974 zugrunde gelegt.

10   *hübsche Stutzuhr:* TB Weihnachten 1948
13   *Es war ein gut gearbeitetes Stück:* Bergengruen, Schreibtisch, S. 20
13   *ein behagliches Ausbreiten:* ebd.
13   *Dosen und Schachteln:* Schreibtisch, S. 237/238
14   *Erinnerungen und Erfahrungen:* Schreibtisch, S. 27
14   *Möbelaufbewahrungsstelle:* Schreibtisch, S. 229
14   *hatte die Bombengaudi überstanden:* Schreibtisch, S. 229/230
15   *Die wahre, die gültige deutsche Literatur:* Die Sammlung, Bd. 1, S. 1

SANARY.
DAS GRÜNE PROVISORIUM
17   *Mein literarisches Aktivitätsbedürfnis:* TB 21.3.33
19   *Was ist es mit dieser deutschen Revolution:* TB 2.4.33
19   *Ich hasse diese Attrappe:* TB 9.5.33
19   *Ich fühlte mich schlecht:* TB 3.5.33
21   *das Notwendige:* TB 8.5.33
21   *ein Arrangement wegen Vermögen:* TB 8.5.33
21   *Feindseliges Schweigen:* TB 9.5.33
21   *denn diese Stadt:* TB 9.5.33
21   *Beschluß, meine Lieblingsmöbel:* TB 9.5.33
22   *Wegen der Möbel:* TB 10.5.33
22   *Wir reisen mit dem Omnibus:* TB 10.5.33

NIDDEN.
EIN EXKURS

PRINCETON.
IN DER NEUEN WELT

SAN REMO DRIVE.
«DAS SCHÖNSTE ARBEITSZIMMER MEINES LEBENS»

BENUTZTE LITERATUR

Bergengruen, Werner, Schreibtischerinnerungen, München 1961

Bridge, Mark, Schreibtische. Illustrierte Geschichte der Möbel, Köln 1996

Bürgin, Hans / Mayer, Hans-Otto, Thomas Mann. Eine Chronik seines
Lebens. Frankfurt 1965

Feuchtwanger, Marta, Nur eine Frau. Jahre, Tage, Stunden,
München – Wien 1983

Flügge, Manfred, Die vier Leben der Marta Feuchtwanger.
Biographie, Berlin 2008

Flügge, Manfred, Wider Willen im Paradies. Deutsche Schriftsteller
im Exil in Sanary sur Mer, Berlin 1996

Gumprecht, Holger, «New Weimar» unter Palmen. Deutsche
Schriftsteller im Exil in Los Angeles, Berlin 1998

Harpprecht, Klaus, Thomas Mann. Eine Biographie, Reinbek
bei Hamburg 1995

Jens, Inge und Walter, Frau Thomas Mann. Das Leben der Katharina
Pringsheim, Reinbek bei Hamburg 2003

Kellen, Konrad, Mein Boss, der Zauberer. Thomas Manns Sekretär erzählt. Reinbek bei Hamburg 2011

Mann, Erika, Mein Vater, der Zauberer, Reinbek bei Hamburg 1996

Mann, Klaus, Briefe und Antworten, Reinbek bei Hamburg 1991

Mann, Thomas, Tagebücher, 10 Bände, Frankfurt 1977–1995

Mann, Thomas, Notizbücher, 2 Bände, Frankfurt 1992

Mann, Thomas, Briefe, 3 Bände, Frankfurt 1961–1965

Mann, Thomas, Gesammelte Werke in 13 Bänden, Frankfurt 1974

Mann, Thomas, Briefe an Ernst Bertram 1910–1955, Pfullingen 1960

Mann, Thomas, Briefwechsel mit seinem Verleger Gottfried
Bermann Fischer 1932–1955, Frankfurt 1973

Mann, Thomas / Meyer, Agnes E., Briefwechsel 1937–1955,
hrsg. von Hans Rudolf Vaget, Frankfurt 1992

Mann, Thomas / Faesi, Robert, Briefwechsel, Zürich 1962

Mann, Thomas / Mann, Heinrich, Briefwechsel 1900–1949,
Frankfurt 1995

Mann, Viktor, Wir waren fünf. Bildnis der Familie Mann, Frankfurt 1994
Marcuse, Ludwig, Mein zwanzigstes Jahrhundert. Auf dem Weg
   zu einer Autobiographie, Zürich 1975
Mendelssohn, Peter de, Der Zauberer. Das Leben des deutschen Schrift-
   stellers Thomas Mann, 3 Bände, Frankfurt 1996
Motschan, George, Thomas Mann – von nahem erlebt, Nettetal 1988
Perrig, Severin, Am Schreibtisch grosser Dichter und Denkerinnen.
   Eine Geschichte literarischer Arbeitsorte, Zürich 2011
Die Sammlung. Literarische Monatsschrift. Hrsg. von Klaus Mann.
   2 Bände, Reprint München 1986
Schickele, René, Tagebücher, Köln – Berlin 1959
Schnauber, Cornelius, Spaziergänge durch das Hollywood der
   Emigranten, Zürich 1992
Sprecher, Thomas, Im Geiste der Genauigkeit. Das Thomas-Mann-
   Archiv der ETH Zürich 1956–2006, Frankfurt 2006
Sprecher, Thomas, Thomas Mann in Zürich, München 1992
Stepanauskas, Leonas, Thomas Mann und Nidden. Eine Annäherung aus
   Litauen, Vilnius 2011
Wunderlich, Heinke, Spaziergänge an der Côte d'Azur der Literaten,
   Zürich 1993
Wunderlich, Heinke / Menke, Stefanie, Sanary-sur-Mer: Deutsche Litera-
   tur im Exil, Stuttgart – Weimar 1996
Wysling, Hans / Schmidlin, Yvonne, Thomas Mann. Ein Leben
   in Bildern, Zürich 1994

BILDNACHWEIS

Frontispiz: Thomas Manns Schreibtisch im Thomas-Mann-Archiv,
   Zürich (Foto: Picture Alliance / Keystone)
Seite 193/194 Brief von Thomas Mann an Walter Jens vom 31. März 1955:
   Das Original befindet sich im Walter-Jens-Archiv (Signatur 172) der
   Akademie der Künste, Literaturarchiv, Berlin. Abdruck mit freund-
   licher Genehmigung des S. Fischer Verlages, Frankfurt